아빠의 문화적 자본

아빠의 문화적 자본

| 초판 1쇄 인쇄 | 2022년 10월 26일
| 초판 1쇄 발행 | 2022년 11월 11일

| 저　　자 | 박종훈
| 총괄기획 | 변문경
| 책임편집 | 문보람
| 디 자 인 | 디자인다인 이시은, 오지윤
| 인　　쇄 | 영신사
| 종　　이 | 세종페이퍼
| 홍　　보 | 박연재, 박정연
| 제　　작 | 박정연
| 제작/IP 투자 | ㈜메타유니버스 www.metauniverse.net
| 펴낸 곳 | 스토리피아, ㈜메타유니버스
| 출판등록일 | 2021년 12월 4일
| 주　　소 | 서울특별시 중구 청계천로 40, 14층 7호
　　　　　　서울특별시 서초구 강남대로 359
| 팩　　스 | 0504-393-5042
| 전　　화 | 070-4458-2890
| 출판 콘텐츠 및 강연 관련 문의 | master@storypia.com

ⓒ박종훈, ㈜메타유니버스 스토리피아, 2022
ISBN 979-11-86742-63-1 (03320)

* 파본은 구입하신 곳에서 교환해드립니다.
* 본 책의 본문 일부를 인용하는 경우에는 반드시 참고도서로 본 책의 제목과 출판사를 기재해주시기 바랍니다.
* 저자의 강연 요청은 이메일을 통해서 가능합니다.

목차

머리말 ··· 07

제1장 문화적 자본 ··· 09

01 | 자녀에게 무엇을 상속해줄 것인가? ···················· 11
02 | 문화적 자본이 뭔가요? ···································· 15
03 | 문화적 자본 상속, 이것부터 준비하자 ················· 22
04 | 교육에서도 문화적 자본이 필요해 ····················· 25
05 | 아빠는 할 수 있어, 문화적 자본 상속 ················· 33

제2장 지적 자본 ·· 41

01 | 지적 자본(Intellectual Capital) ·························· 43
02 | 아빠의 지적 자본 ··· 44
03 | 대학의 상속자들 ·· 48
04 | 암묵적 지식과 행동은 진짜 무서운 문화적
　　 자본이지 ·· 51
05 | 창의성도 상속할 수 있나요? ··························· 55
06 | 사물과 현상을 바라보는 안목을 높여라 ············· 63

07 | 현장 체험학습도 주입식 교육으로? ·················· 74
08 | 자녀에게 적절한 여가와 휴식을 제공하자 ············ 78

제3장 동기적 자본 ·· 85

01 | 동기적 자본(Motivational Capital) ················ 87
02 | 아빠의 동기적 자본 ······································ 89
03 | '몰입' 너도 할 수 있어 ································ 92
04 | 동기부여의 마법, 자기결정성 ·························· 98
05 | 자율성이 높은 아이가 진정한 리더다 ··············· 105
06 | 난 행복하다! 자기유능감이 높기 때문이지! ········ 112
07 | 어포던스(Affordance)를 유지하라!
     그것이 핵심이다! ·· 118

제4장 정서적 자본 ·· 125

01 | 정서적 자본(Emotional Capital) ···················· 127
02 | 아빠의 정서적 자본 ····································· 129
03 | 우리 집은 회복탄력성(Resilience) 충전소 ·········· 131

04 | 자녀를 존중한다면 촉진적 의사소통부터 ·············· 137
05 | 미래시대 리더의 조건, '공감능력'과 '정서지능' ·········· 141
06 | 사람의 마음을 진짜 움직이는 건 말보다
　　　감성이지 ··· 147

제5장 사회적 자본 ·· 157

01 | 사회적 자본(Social Capital) ······························ 159
02 | 메타버스, 플랫폼 시대의 문화적 자본 ················· 162
03 | 메타버스를 어디까지 알아야 하는가? ·················· 167
04 | 자녀의 사회적 역할의 밑거름은
　　　아빠에게서 시작된다 ·· 171
05 | 개방형 의사소통을 실천하라 ······························ 173
06 | 융합적 사고(思考), 그건 기본으로 하는 거야 ········ 178
07 | 영국의 사회적 자본은 해리포터 시리즈 ················ 184

제6장 사회 속의 교육적 이슈 ································ 189

01 | 인공지능은 인지의 영역으로 발전하는가? ············· 191

02| 100억대 자산가의 뒤늦은 AS 교육 ·················· 194

03| 아빠 vs 자녀, 30년 넘는 교육 세대 차이 ········· 199

04| 아직도 못 느끼시나요? 세상은 이미 변해 있어요 ····· 201

05| 어떤 교육이 맞는지는 결국 본인의 선택 ············· 203

06| 팬데믹(Pandemic) 시대의 교육 ······················· 207

맺음말 ··· **215**

머리말

어떤 부모들은 스스로 이루어낸 성과나 기득권을 자기 자녀들에게 온전히 물려주기 위해 노력한다. 누구는 금전적 유산을 물려받고 또 누구는 아빠 찬스, 엄마 찬스를 통해 당연히 이루어져야 할 공정한 경쟁을 피해 이미 합격이나 취업과 같은 혜택을 누리며 살아가고 있다. 권한과 권력, 기득권을 소유한 사람들은 이미 그들 나름의 유산을 자녀들에게 전수하고 있는 것이다. 반면, 또 어떤 부모들은 내 자녀만큼은 나처럼 살게 되지 않기를 바라는 마음으로 좋은 교육과 환경을 만들어주기 위해 고군분투한다. 하지만, 사회적·경제적 환경이 뒷받침되지 못하는 가정에서는 항상 그러한 열망은 한계에 부딪치곤 한다.

어느 날 문득 '나는 부모로서 아이들에게 무엇을 유산으로 물려줄 수 있을까?' 하는 생각을 했다. 자녀에게 줄 수 있는 유산이라 하면 대부분 금전적 유산을 떠올리지만, 사실 우리 같은 평범한 부모들에게는 자녀들이 안정적으로 사회에 진입하고 윤택한 일상생활을 할 만큼의 금전적 유산을 물려준다는 것이 쉬운 일은 아니다.

그렇다면 우리가 자녀에게 줄 수 있는 것은 금전적 자본 말고는 없는 것일까? 생각해보면 사실 부모의 말이나 행동, 생각과 가치관들은 가정 내에서 이미 자녀에게 암묵적 행동과 다양한 습관을 통해 상속되고 있다. 이렇게 금전적 유산을 제외한 다양한 유산(언어습관, 행동, 가치관 등)들을 그 가정의 고유한 문화적 자본이라고 말하고 싶다. 그렇다면, 부모는 자녀에게 어떤 올바른 가치관을 통해 세상의 풍파에도 흔들림 없는 마음의 유산과 정신적 신념, 정서적 교감을 물려줄 수 있는지를 고민하게 된다.

이 글은 세 자녀를 키우면서 아이들에게 실천했던 말과 행동, 함께했던 시간을 떠올리면서 연구 자료에 기초한 이론들을 덧붙여 서술했다. 그리고 때로는 감정이 앞서 아이들에게 불필요하게 야단을 치거나 설득과 협력이 아닌 지시적 행동을 한 것에 자기반성적 의미가 있는 글이기도 하다.

아울러 이 글은 가정에서 하는 자녀 교육이 엄마만의 몫이 아니라 아빠들도 분명히 함께해야 할 역할임을 강조하고 있다. 과거에 비하면 아빠들의 육아 참여가 많이 늘었다곤 하지만, 여전히 아빠들의 육아는 서툴거나 소극적인 면이 없지 않다. 그런 이유로 이 글에는 아빠들의 적극적인 육아 참여에 관한 가이드를 제공하고, 부부가 함께 협력하여 가정에서 자신들만이 전수할 수 있는 고유한 문화적 유산들을 자녀들에게 대물림할 수 있기를 바라는 마음을 담았다.

금전적 유산은 외부 요인에 따라 변수가 많지만, 한번 몸과 마음에 새겨진 문화적 자본은 외부 변수에 간섭을 적게 받고, 또다시 그다음 세대로 이어질 확률이 상당히 높다. 올바른 문화적 자본을 상속받은 자녀가 건전하고 유익한 청소년기를 지나 성인이 되어 사회에서 리더로 자리매김하고 자신의 역량을 발휘할 수 있게 하는 일의 핵심에는 부모가 있다.

이 책을 통해 자신들의 가정환경에 맞는 자녀 양육을 고민하고 실천하며 자녀들과 진심으로 소통하는 시간과 공간이 확장되길 바란다.

제1장

문화적 자본

01

자녀에게 무엇을 상속해줄 것인가?

　이 세상에 내 자녀만큼 귀중한 존재가 또 있을까? 어떠한 조건도 없는 절대적인 사랑을 줄 수 있는 존재, 무엇을 주어도 아깝지 않은 유일한 존재가 자녀일 것이다. 부모는 자녀의 행복을 위해서라면 어떠한 희생도 감수할 각오가 되어 있을 것이기에 자녀에게 물질적·정신적 유산을 물려주고자 오늘도 최선을 다해서 고민하고 노력하며 살아간다. 부모라면 부정할 수 없이 공감할 것이다.

　세 자녀를 둔 나 역시 내 자녀들을 생각하며 더 열심히 오늘을 살아가는 가장이다. 아이들이 어른이 되어 부모 곁을 떠나기 전에 더 많은 시간을 함께하고 싶고, 자녀들이 좋아하는 일을 찾아 행복감을 느끼며 건강하게 삶을 살아가길 바란다. 따라서 성장 과정에서 부모로서 뒷바라지할 수 있는 일이 있다면 기꺼이 도와주고 격려하며 최대한 물질적 지원을 하려고 한다.

　필자의 경우에도 부모님에게 물질적으로 물려받은 자산은 거의 없다. 그래도 아내와 맞벌이하며 알뜰살뜰 살아온 덕분인지 현재까지는 큰 어려움 없이 살고 있고, 자녀들도 무탈하게 성장하고 있다. 하지만 요즘 현실을 보면 부모로서 좋은 교육을 제공하여 사회인으로 성장할 수 있게 하는 것이 전부인가 하는 의문이 들 때가 많다. 치솟는 부동산 가격에, 원자재 가격 상승으로 인한 인플레이션은 월급쟁이로서 과연 어느 수준까지 생활할 수 있을까 하는 의문을 품게 한다. 주변 청년들을 보면 주식이나 코인을 하지 않고 월급으로만 생활하는 것은 불가능하다고 여긴다. 그래서 나도 현재 경제 상황을 고려해 자녀들에게 얼마만큼의 물질적 자산을 물려줄 수 있을까 생각할 수밖에 없다. 가정을 이루고 아이를 낳아 기르려면 적어도 안정적으로 거주할 수 있는 아파트와 안정된 직장 또는 개인사업 아이템을 확보해야 하는데, 급변하는 세상에서는 그마저도 쉽지 않아 보인다.

요즈음 급격한 사회 변화를 지켜보면서 교육적 혜택과 더불어 소소한 물질적 자본을 물려주는 것이 부모로서 역할을 다하는 것인지 스스로 질문하게 되었다. 지금 내가 아이들의 미래를 위해 제대로 된 지원을 하고 있는지 고민이 몰려왔다. 고액자산가라서 대기업 월급 이상의 임대료가 나오는 부동산을 물려줄 수 있다면 공부하라는 말도 안 하고 이렇게 고민할 필요가 없겠지만, 대한민국 중산층 가장이라면 대부분 나와 비슷한 고민을 하고 있지 않을까?

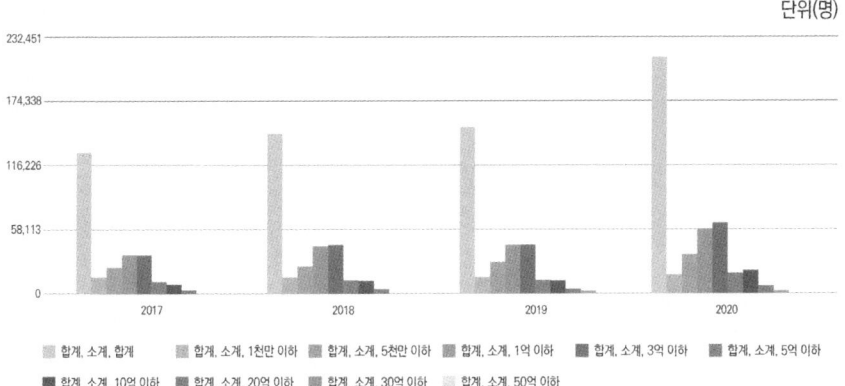

증여재산가액 등 규모별 신고인원 현황

출처: 통계청 2017~2020 상속, 증여 현황

위의 통계자료는 증여재산가액 등 규모별 신고인원 현황 그래프이다. 2017년에 약 12만 8,454명이던 증여 신고 총인원은 매년 증가하여 2020년에는 21만 4,608명으로 4년 만에 약 60% 증가했다. 특히, 2020년도는 1억 이상 10억 미만의 구간에서 전년도보다 증가 폭이 크다는 것을 확인할 수 있다.

그리고 이 중에는 미성년 자녀에게 각종 유산을 사전에 증여하는 비율도 점점 증가하고 있다. 대한민국에서 부동산의 가치는 경제위기 때를 제외하고 낮아진 적이 없다. 결국 그들은 어릴 때 미리 증여세를 부담하고 증여를 하는 것이 절세하는 방법이라고 생각하는 것이다. 자산가들의 세상에서는 흔히 볼 수 있는 현상이다. 어떤 이들은 자녀 생일선물로 건물을 증여하기도 하고, 또 어떤 이들은 갓 태어난 아이의 계좌에 현금을 증여하거나 신생 회사의 지분을 제공하기도 한다. 최근에는 비트코인을 통해 증여하는 자산가의 이야기가 풍문으로 들려오기도 한다. 비트코인 투자 수익에 대해 2022년까지는 세금이 없다 보니, 거액의 자금을 코인으로 바꾸고 자녀의 디지털지갑에 코인을 넣어주는 것이다.

02

문화적 자본이 뭔가요?

문화적 자본은 돈이나 권력으로 환산할 수 없으며 돈이 없어도 상속할 수 있는 유일한 자본이다.

이 책에서는 이렇게 물질적 유산 이외에 다음 세대에 전수할 수 있는 모든 말과 행동, 표현, 정서적 교감, 가치관 등을 문화적 자본이라고 한다. 금전적 유산을 뛰어넘는 문화적 자본의 가치는 무엇이며 어디에서 나오는 것일까?

아직 문화적 자본이라는 표현이 생소하고 이해가 쉽지 않을 수도 있다. 그리고 앞으로 다룰 교육 분야의 문화적 자본은 더욱 낯설게 느껴질 것이며 이 용어의 의미와 정의를 정확히 유추해내기도 쉽지 않을 것이다.

이번 장에서는 교육 분야의 문화적 자본을 학문적 측면과 함께 다각적으로 살펴보고자 한다.

가정에서 형성되는 문화적 자본이 자녀에게 미치는 다양한 긍정적 영향은 외국을 비롯하여 국내 연구에서도 흔히 찾아볼 수 있다. 디마지오(DiMaggio)는 문화적 자본을 매개로 한 연구에서 고등학교 학습 성적에 긍정적인 효과가 있다는 결과를 도출했고, 티치먼(Teachman) 역시 그의 연구에서 문화적 자본이 자녀의 교육적 성취도에 긍정적인 영향을 주며 학습 동기와 태도를 향상시키는 집 안 분위기를 조성할 수 있다고 했다.

우리나라에서도 이러한 문화적 자본의 효과적 활용은 자녀의 학업 성취도를 향상시키는 중요한 요인이 될 수 있다. 또한, 부모가 문화적 자본을 얼마나 많이 보유하고 또 전수하는지가 그 자녀의 학업 성적과 정적인 상관관계가 있다고 했다.[1] 그뿐만 아니라 교사는 문화적 자본을 많이 소유한 학생들에게 긍정적인 기대를 하게 되고, 그것을 인지한 학생들의 학업 성취도가 그렇지 않은 학생들에 비하여 더 높다는 연구 결과도 있다.[2]

이러한 일련의 연구를 통하여 볼 때 부모의 사회적 지위, 경제적 능력 못지않게 집안에서 이루어지는 모든 대화(긍정적·교육적 대화), 다양한 문화생활 및 체험 활동, 부모의 가치관, 신념들이 자녀들에게 직간접적으로 상당한 영향을 주고 있다고 볼 수 있다. 이렇게 되면 가정에서 자녀를 마주하는 모든 순간과 일상적인 행동, 경험들이 아주 효과적인 교육이 될 수 있으며, 반대로 그러한 순간들이 때로는 자녀에게는 좌절의 순간이 되거나 부정적인 교육 효과로 작용할 수도 있다는 것을 의미한다. 따라서 지금부터라도 부모 세대에서 자녀들에게 어떠한 문화적 자본을 남겨줄 것인지 고민하고 그에 따른 연습을 해야 한다.

문화적 자본이라는 용어는 프랑스 사회학자인 부르디외(Bourdieu, 1986)에 의해 만들어졌다. 문화적 자본 개념을 학술적으로 간단히 정리하자면 다음과 같다.

한 가정에서 자녀가 부모로부터 전수받는 긍정적·부정적 태도, 교육적 가치관이나 교육적 열망뿐만 아니라 부모 세대에서 경험하는 각종 문화적(독서, 문화생활, 자녀와 나누는 교육적 대화, 심미적 취향 등) 요소, 즉 가정에서 발생될 수 있는 총체적 자본들이 자녀들에게 전수되어 유아기 초기 학습부터 청소년기에 이르기까지 장기적인 영향을 줄 수 있는 학습 형태나 성취도로 작용한다는 것이다.

이러한 관점에서 볼 때 문화적 자본은 교육사회학 영역에서 중요하게 인식하는 가정 내 문화의 한 종류이다. 특히, 이 문화적 자본의 가장 큰 특징이자 놀라운 점은 다음 세대인 자녀들에게 특별히 의도하지 않은 상황에서도 무의식적이며 지속적으로 전수되며, 경제적 자본처럼 투자와 축적의 대상이 되고 있다는 것이다.

따라서 문화자본의 세습이야말로 부모 세대의 계급을 재생산하는 가장 은밀한 상속 방법인 셈이다. 실제 경제적 자본을 지키는 힘이기도 한 문화적 자본은 거대자본가들에게 가장 중요한 상속 리스트일 수도 있다. 일반인들이 작은 자본조차 자녀에게 물려주지 못할 때 이들은 더 먼 미래를 내다보고 상속을 준비했다.

부르디외(Bourdieu)는 문화적 자본을 체화된 형태(Embodied State), 객관화된 형태(Objectified State), 제도화된 형태(Institutionalized State)로 구분했다.

체화된 형태(Embodied State)는 한 개인이 가지고 있는 품위, 세련됨, 교양 등을 의미하며, 생활 속에서 예술, 문학 등과 같은 수준 높은 문화를 즐기고 지속하려는 일종의 습관적(Habitus) 문화자본이다. 수준 높은 문화를 즐기는 안목은 예술품 투자로 연결되어, 이후 경제적 자본으로 직결되기도 한다. 최근 예술작품 NFT에 최초로 투자하여 이슈가 된 사람들도 대부분 경제적으로 부를 축적한 고액자산가들이었다. 그들은 수준 높은 문화의 가치와 쓰임을 조기교육을 통해 습득한 바 있다.

객관화된 형태(Objectified State)는 그림이나 책, 악기, 기계, 사전 등과 같은 문화적 산물을 의미한다. 이 객관화된 형태는 가정 내 자본이 있다면 소유하며 세대에 전수할 수도 있다는 장점이 있지만, 그렇다고 이러한 문화자본을 전수하기 위해서 꼭 모든 분야를 섭렵할 필요는 없을 것이다. 도서관이나 박물관처럼 책이나 그림을 무료로 혹은 저렴한 가격으로 충분히 관람하고 만져볼 수 있는 공간이 다양하게 준비되어 있다. 그리고 단순히 이러한 것들을 구입한다고 해결되는 것이 아니라 체화된 형태의 문화적 자본이 뒷받침되었을 때 더욱 그 기능과 역할이 배가된다.

제도화된 형태(Institutionalized State)는 학위나 자격증과 같은 사회적으로 인정받을 수 있는 자격 요건을 의미한다. 이는 부모의 학력이나 사회적 지위와 비슷한 형태라고도 할 수 있어 사회적 자본과 그 유사성이 있다. 실제로 대학에 가보면 교수나 연구원의 꿈을 가지고 있지 않지만, 고학력을 취득하고자 하는 자산가의 자녀를 흔히 볼 수 있다. 대학을 졸업한 후 취업전선에 뛰어들기보다 석사나 박사 학위 취득을 통해서 최초로 사회에 진입하는 순간부터 인정받을 수 있는 권위를 확보하려는 것이다.

따라서 중위권 이하의 소득을 가진 가정에서 문화적 자본을 상속하기 위해서는

'교육비'를 어떻게 지출할 것인가에 관한 부모의 가치관을 먼저 정립해야 한다. 월 100만 원을 들여서 영어나 수학 학원을 보낼 것인가, 예술 활동과 견학 활동에 쓸 것인가를 선택해야 하는 것이다. 대부분의 중위권 이하 학부모들은 학원을 선택하고 있다. 사실 영어, 수학 등 주요 과목을 학원에서 공부하는 시대는 지났다. 강남의 1타 강사들의 수업을 저렴하게 들을 수 있는 온라인 교육이 넘쳐나고, 심지어 유튜브에 무료 강의를 제공하는 경우도 많다. 1만 원 내외의 문제집에 온라인 강의를 끼워 파는 지경이다.

부모들이 월 100만 원을 들여 학원에 보내는 이유는 한 가지다. 강제성을 가지고 그 시간에 자리에 앉아서 배우고 익히는 활동인 '학습(學習)'을 하기 바라는 마음이다. 스스로 학습하기란 보통 사람들에겐 쉽지 않다. 실제로 학원에 가보면 부모의 바람이 무색할 정도로 소위 '딴짓'을 하는 학생들을 많이 볼 수 있다. 이러한 사실을 학원에서는 학부모에게 거의 말하지 않는다. 월 100만 원이면 1년에 1,200만 원이다. 5년을 다니면 6,000만 원인데, 열심인 학생 몇을 제외하고는 허투루 쓰는 비용이라는 사실을 굳이 학원에서 학부모에게 알려줄 필요가 없다. 어차피 그 비용은 자신들이 운영하는 학원이 아니라도 지출할 것이고, 그 학생들의 태도는 어디에서나 같을 것이다. 이렇게 되고 보면 중위권 이하의 소득을 가진 부모는 '학원비'가 내 자녀의 미래에 가져다줄 가치를 한 번쯤 고민해봐야 한다. 더불어 중위권 이하의 학부모가 그 비용을 벌기 위해서 오히려 문화적 자본의 상속을 놓치게 된다면, 돈은 논대로 희망 고문에 날려버리고 자식과의 관계만 악화될 수 있다.

뒤에서 다룰 사회적 자본에서 더 상세히 설명하겠지만, 인공지능과 메타버스의 미래 세계에서는 학원에서 배우는 수학 공식 하나, 영어 문법 하나는 무의미한 것이 될 수 있다. 오히려 문화적 자본의 전수야말로 자녀가 미래 시대를 살아가는 원동력이 될 것이다. 부모는 당장 눈앞의 성적이나 빠른 지식의 습득에만 연연하지 말고, 오히려 스스로 가지고 있는 습관, 관행, 태도를 조금 더 긍정적인 태도로 유지하면서 자녀에게 전수할 수 있도록 노력해야 한다.

아리스토텔레스에 따르면, 행복 혹은 좋은 삶을 이루기 위한 유일하고 올바른 계획은 우리가 진정으로 좋은 모든 것을 찾고 획득하도록 하는 것이다. 이러한 계획은 우리가 사는 데 필요할 뿐만 아니라 잘 살기 위해서도 필요한 것들이기 때문이다. 우리가 삶의 전체 과정에서 소유해야만 하는 모든 진정한 '좋음'들을 찾다 보면, 우리는 우리가 채택해야 하는 유일하게 올바른 삶의 계획에 따라 행복을 추구하고 있게 될 것이다.

> "행복은 자신에게 진정으로 좋은 모든 것을 어느 한 시점에서가 아니라 전체 삶의 과정 동안 쌓아가며 소유하는 데 있다."

현재 우리 대부분은 이것이 자신에게 진정으로 좋은 것인지 여부도 모른 채 누군가가 리드하는 트렌드에 따라서 움직이고 있다. 그들이 보여주는 정보를 보고 모방하는 것이다. 철저히 자기중심적으로 판단하는 성향이 있는 MZ세대는 적어도 자신을 중요하게 생각하고 자신에게 진정으로 좋은 시간과 가치들을 쌓아가고 있다는 생각이 든다. 오히려 부모 세대들은 매스컴에서 떠드는 '트렌드'에 휩쓸려 사는 데 익숙하다. 옆집 아이가 다니는 영어학원이 핫하다고 하면 우리 아이를 설득해서 보내고, 옆집 아이가 조기 유학을 떠난다고 하면 우리 아이도 조기 유학을 보내야 하는 것은 아닌지 고민한다.

 우리 아이에게 좋은 환경과 조건을 주고 싶은 부모의 마음은 모두 같다. 하지만 여기서 생각의 전환이 필요한 이유가 분명해진다. 그 집 아이와 우리 아이는 다르고, 그 집 경제 사정과 우리 경제 사정은 다르기 때문이다. 우리는 자녀에게 경제적 자본을 통한 상속에 더해 문화적 자본을 상속해야 한다. 문화적 자본은 세대를 초월하는 연속성과 다양한 외부 자극으로부터 더욱 안전한 자산이기 때문이다.

03

문화적 자본 상속, 이것부터 준비하자

우리 대부분은 대단히 큰 금전적 자산을 자녀에게 상속해줄 여유가 없다. 하지만 가정에서 전수해줄 수 있는 최소한의 것들을 유산으로 물려주려고 노력해야 한다. 나는 자녀에게 충분한 사랑을 주고 싶다. 나는 자녀에게 어려움을 극복해나갈 수 있는 용기와 지혜를 주고 싶다. 타인과 공감하며 협력할 수 있는 능력을, 다양한 영역의 학문적 소양을, 융합할 수 있는 능력과 창의적 사고 능력을 문화적 유산으로 남겨주고 싶다. 어쩌면 이러한 말이 현실적이지 않고 그저 낭만적인 사고라고 생각할 수도 있다.

하지만 말투, 단어 선택, 행동, 타인의 기쁨과 슬픔에 공감하는 마음, 위기 상황을 극복하고 그에 대처하는 자세, 가족끼리 존중하고 사랑하는 마음, 자녀의 꿈과 관심사에 대한 공유(비전 제시) 등등 일일이 나열하기 어려울 정도로 가정에서 유산으로 상속해줄 수 있는 것들은 무수히 많고, 이는 자녀에게 삶을 지탱할 수 있는 힘이 된다. 우리 자녀들에게 문화적 자본을 상속하기 위해서는 우선 부부간에 다음과 같은 준비를 해보는 것이 필요하다.

첫 번째, 부부의 의견 일치도를 높여라.

아이가 생기면 부부는 육아 문제로 인한 의견 충돌이 생기기 마련이다. 필자 역시 첫아이를 키울 때는 양육 방식과 가치관 문제로 다투는 경우가 많았다. 사소하게는 일회용 기저귀를 가는 시점에 대한 판단 기준부터 아이의 울음에 대응하는 소소한 방식과 시간도 다툼의 원인이 되었다. 하지만 둘째를 키우면서 이러한 충돌은 사라졌다. 사실 그런 소소한 다툼이 무의미하다는 것을 알게 되었기 때문인데, 부모 사이에 다툼이 시작되면 아이는 더 불안해하며 운다. 정서적인 안정감을 흐트러뜨리는 어리석은 아집이었던 것이다.

본 블록(Vaughn Block)의 연구에서는 부부간의 의견 일치도가 자녀의 발달에 장기적으로 매우 많은 영향을 미친다고 했다. 이는 분명 자녀를 향한 부모의 일관적 태도 및 정서적 안정감과 관련이 있다. 이 연구는 3세부터 15세까지 종단연구로 이루어졌으며, 연구에 따르면 부모가 자녀를 양육하는 데 교육적·정서적 일치도가 높을수록 여아의 경우에는 사회적 기능, 남아의 경우에는 인지적 기능과 상관관계가 있음을 증명하고 있다.[3)4)]

두 번째, 지나치게 업무에 몰입하지 마라.

물론 먹고사는 것은 중요하고, 생계유지가 되지 않는다면 많은 것들이 더 힘들어진다는 것을 대한민국에서 살아가고 있는 아빠의 한 사람으로서 너무나 잘 알고 있다. 물론 연구직이나 공무원 또는 공기업 직원처럼 비교적 안정된 직업군을 가지고 있다면 좋겠지만, 꼭 그렇지 못하더라도 가급적 자녀와 함께하는 시간을 많이 갖도록 노력해야 한다. 어차피 14세에서 18세 사이에 자녀들은 정서적으로 또래 집단을 찾아 독립한다. 부모와 함께하는 시간보다도 또래 집단과 어울리는 것을 선호하게 된다. 따라서 만 14세 이전에는 자녀와 함께하는 시간을 우선적으로 확보하는 것이 중요하다.

많은 연구와 자료를 살펴보아도 자신의 업무에 과몰입한 아빠의 자녀는 정서적·사회적 측면에서 전반적으로 긍정적 연구 결과를 찾아보기 어려웠다. 결국, 자녀와 함께 있는 시간을 의도적으로 늘려야 한다는 것은 아무리 강조해도 지나치지 않다. 피곤한 아빠들은 주말에 소파와 한 몸이 되어 밀린 TV를 보며 하루를 보내는 경우가 있다. 이왕 누워서 시간을 보낼 것이라면 자녀와 함께 컴퓨터 게임을 하는 것이 더 좋은 방법일 수도 있다. 그렇다면 최소한 게임 전략을 세우거나 게임 중 오고 가는 대화를 통해 자녀의 요즘 관심사를 알 수 있을 것이다.

위 방법은 아빠 스스로가 문화적 자본의 소양을 갖기 위한 아주 기본적인 출발점을 이야기한 것이다. 이제 이러한 마음의 준비가 되었다면 좀 더 고차원적이고 다양한 방법으로 자녀에게 문화적 자본을 상속해줄 수 있다. 비록 부족한 아빠들의 양육시간에도 불구하고 그 파급력은 엄마 못지않게 크다는 점을 꼭 인지해주기 바란다.

04

교육에서도 문화적 자본이 필요해

"저 집안은 교육자 집안이야."

"엄마 닮아서 미술에 소질이 있어."

"저 집안에는 의사들이 많아."

"그 집 엄마가 음악을 전공했다더니 아이도 음악에 소질이 있네."

우리는 주변에서 이러한 이야기를 흔히 듣는다. 이는 단순히 아이의 성장이 생물학적 유전에 의해서만 결정되지 않고 그 집안의 분위기나 부모의 행동과 습관, 언행들이 모두 융합되어 그 집안만의 독특한 문화적 계승이 이루어지고 있다는 증거이다.

몇 년 전 미국에서 획기적인 췌장암 진단키트가 발명되어 화제가 된 적이 있었다. 이 진단키트를 발명한 사람은 잭 안드라카이며 그 당시 나이가 불과 16세에 불과했다. 기존의 췌장암 진단법은 60년 전에 개발된 기술로 정확도가 30%, 검사 시간은

14시간, 비용은 800달러가 들 만큼 비효율적이었다. 하지만 이 소년이 발명한 췌장암 진단키트는 정확도가 무려 90% 이상이었으며 비용도 약 3센트 수준이었다. 이 소년은 이 발명품을 통해 인텔에서 주최하는 국제과학 경진대회(www.societyforscience.org/isef)에서 최고상인 '골든무어상'을 수상했다.

이 소년이 이런 결과를 얻기까지 본인 스스로도 엄청난 노력을 했겠지만, 그 과정에서 부모님의 적극적인 후원과 믿음이 있었고 실제로 거기서 힘을 얻었다고 말하고 있다는 점에 주목해야 한다. 평소에도 과학 실험을 즐겨 하던 잭을 위해 부모는 항상 지지하며 함께 공부할 수 있는 여건을 만들어주었다. 잭의 부모는 잭의 또래들이 대학 입시 준비를 하고 있을 때, 잭의 판단을 믿어주었다. 잭은 그의 저서에서 "부모님의 전폭적인 지지는 나의 상상력을 자극했고, 과학적 호기심을 키우는 데 큰 영향을 미쳤다"라고 회상한다.

아마도 잭의 부모님은 자녀와 함께 배우고 공부하며 어떠한 문제를 토의하고 공유할 수 있는 교육적 마인드를 가진 분들이었을 것이고, 자유로운 분위기가 가정 내에 형성되어 있었음을 짐작할 수 있다. 더욱이 간호사인 엄마와 나눈 대화는 잭의 과학적·의학적 호기심과 탐구심을 더욱 자극했을지도 모른다. 의학적 소양이 전혀 없는 어린 소년이 이러한 성과를 내기까지는 저녁 식사 자리에서 또는 나들이를 가는 차 안에서 나눈 시시콜콜한 대화 중에 자연스럽게 의학 관련 대화들이 오고 간 것이 영향을 주었을 수 있고, 가정 내에서는 어떤 이슈를 두고 토론하며 공감하는 문화적 습관이 녹아 있었을 것이다.

잭은 스스로 공부하는 것에 익숙해서 바로 대학에 진학하지 않았지만 자신이 가진 아이템으로 창업을 했다. 그리고 이후 대학 진학의 필요를 느끼게 되었고, 현재 스탠퍼드대학교에서 전기공학 및 공공정책을 공부하고 있다. 또한 자신의 창업 아이템을 활용하여 스탠퍼드 암 연구소의 연구원으로 재직했으며 나노 로봇, 저렴한 바이오센서, 질병 진단 관련 연구를 하면서 자신을 글로벌 헬스 엔지니어로 소개하고 있다. 사실 잭 안드라카는 자신이 하고 싶고, 하면서 행복한 것을 먼저 했다. 그 이후 학업에 대한 강한 동기부여를 통해서 스탠퍼드대학교에 진학하게 된 것이 일반적인 진학과 다르다.

"자녀 교육의 기본 철학은 다양한 것들을 경험하게 하고 그중에서 마음에 드는 것을 선택할 수 있도록 해줘야 한다는 것이다."

―〈세상을 바꾼 십대, 잭 안드라카 이야기〉
(잭 안드라카, 알에이치코리아)

만약 우리나라에서라면 잭의 의견을 지지할 수 있었을지, 과연 나라면 어떻게 대처했을지 상상해보았다. 아마도 초등학교 부모라면 어느 정도 후원과 지지를 보내줄 수 있겠지만, 위의 주인공처럼 만약 중·고등학생 자녀가 학업은 뒷전에 두고 실험에 필요한 공부만 하면서 췌장암 진단키트를 개발하겠다고 하면 어느 순간 조급한 마음에 대학에 먼저 진학하고 나서 해도 늦지 않다고 아이를 설득하고 있을 것이다. 어쩌면 말보다 손이 먼저 나가서 실험하고 있는 아이의 등짝에 스매싱을 날릴지도 모르겠다.

미국의 경우 SAT를 보지 않아도 고교 졸업 학력을 확보할 수 있고 개인의 연구개발 성과가 인정되면 MIT나 스탠퍼드대학교에 입학할 기회를 얻을 수 있다. 국내에도 SW중심대학(www.swuniv.kr)의 경우 20%의 학생을 내신이나 수능 없이 특기자 전형으로 선발한다.

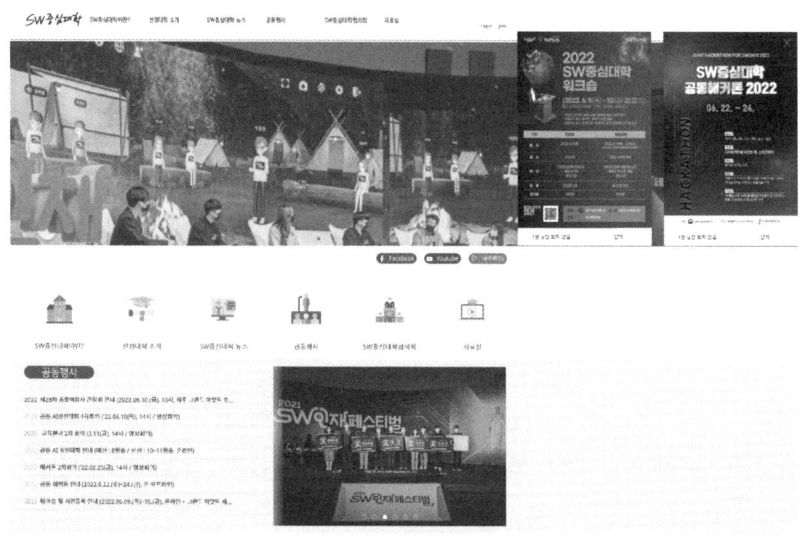

SW중심대학

출처: www.swuniv.kr

애플리케이션을 개발했거나 발명품을 만들어 특허를 가지고 있는 경우 입학 가능한 전형도 많고, 이는 앞으로 더 늘어날 것이다. 그 이유는 대학에 와서 하고 싶은 일을 찾기에는 세상이 너무 빨리 변하고 있기 때문이다. '조기 성취'를 이룬 학생들의 창의성을 실력으로 인정하기 시작한 것이라고 볼 수 있다. IT 분야가 특히 강한 우리나라에서는 SW중심대학(www.swuniv.kr) 정원이 급속히 늘고 있다. 정원이 늘고 있다는 것은 그만큼 같은 성적으로 더 좋은 대학에 들어가기 쉽다는 의미도 된다. 뉴스에서 쉽게 볼 수 있는 것처럼 IT 관련 일자리는 인력난에 허덕이고 있다. 억대 연봉을 기본으로 제공하는 카카오나 네이버 같은 대기업 안에서도 퇴사와 이직이 활발하다. 우수 인력은 글로벌 기업으로 도약하여 문제 해결 경험을 쌓고, 자신의 몸값을 높이기 위해서 쉴 새 없이 성장하려는 욕구가 크기 때문이다.

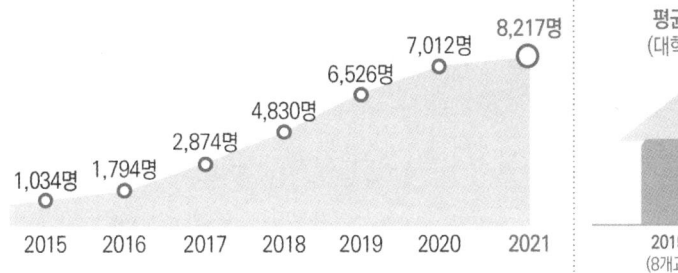 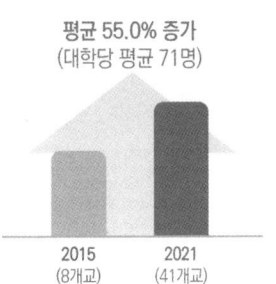

SW 분야 입학정원 확대

이들에게 요구하는 역량은 IT분야 문제 발견력과 창의적 문제 해결력이다. 카카오나 네이버와 같은 기업들도 글로벌 플랫폼으로서 살아남기 위해 끝없는 기술 개발과 신사업 창출을 해야 하기 때문이다. 결국 우수한 인재 확보가 기업의 미래를 결정하는 요즘 이들은 우수한 코딩 실력보다 오히려 신사업에 대한 '기획력'을 중요하게 생각하고, 중·고등학교 시기부터 진행했던 프로젝트의 실패와 성공 경험을 주의 깊게 본다. 이러한 인재상의 변화는 대학 입시에 반영되고 대학은 SW 특기생들이 높은 취업률을 보장한다고 생각한다.

우선 창의적 문제 해결력은 개인의 노력뿐 아니라 주변의 외재적 환경 요인도 어느 정도 영향을 줄 수 있음을 명심해야 할 것이다. 우리 사회는 4차 산업과 메타버스 등 다양한 플랫폼과 인공지능 시대로 접어들었다. AI(Artificial Intelligence)의 등장으로 인해 미래학자조차 미래를 예측하기 힘들 만큼 새로운 시대가 다가오고 있다. 우리 아이들이 살아가야 하는 미래 사회는 좀 더 창의적이면서도 혁신적인 과정과 결과물을 요구한다. 하지만 우리 사회의 교육이란 여전히 부모의 경제력, 옳고 그름의 기준과 분별을 스스로도 판단하지 못하는 부모의 교육 신념으로 인해 과거에 본인들이 경험했던 교육적 문화를 결국 본인의 자녀들에게 유사한 방법으로 전수하는 것이 전부다. 대체로 이러한 판단을 하는 이유는 소위 공부를 잘하는 학생이던 사람들이 고소득을 창출하는 안정된 직업을 가지고 잘살고 있기 때문이다. 수많은 증거 속에서 부모는 '높은 학업 성취도가 성공의 안정적인 공식'이라는 확고한 믿음을 갖게 되었다. 현재 부모 세대만 하더라도 지식이 송출되는 창구로 학교라는 곳이 유일하게 큰 비중을 차지했으며, 개인의 차이는 무시된 채 일방적인 교육을 받아왔다.

이렇게 교육을 받아왔던 우리 부모 세대와 달리 짐작할 수 없을 만큼 변화될 사회를 살아갈 우리 아이들. 시대가 변했으니 교육도 변해야 한다는 외침. 요즘 젊은 부모들도 분명 이러한 시대적 변화를 충분히 잘 알고 있으며 다양한 교육 기회를 아이들에게 주려고 노력하고 있지만, 다른 비교 대상과 다른 아이들이 더 앞서 나가고 있다는 생각을 시작하면서 교육적 가치는 여지없이 무너지게 마련이다.

하지만 지금은 지식이 창출되고 그것을 습득할 수 있는 채널이 너무나 다양하다. 그리고 새로운 지식의 생산과 활용 주기가 짧아지고 있다. 어제만 해도 새롭던 지식이 금세 유용하지 못한 지식이 되는 경우가 많다. 오늘의 지식을 활용하는 수준에서 생활한다면 문제 해결력을 향상시키면 될 일이지만, 만약 내일의 지식을 예측하고 그에 대응하고자 한다면 문제 해결력만이 아닌 문제 발견 능력을 계발시킬 필요가 있다.

그러나 이러한 문제 발견력을 향상시키기 위한 학교 교육은 너무 느리고 더디다. 때문에, 가정에서 어떤 능력을 지속적으로 자극해야 할지를 고민해야 하는 것이다.

잭 안드라카의 예에서 볼 수 있듯이 그는 60년이 넘은 췌장암 진단키트의 사용에서 부정확성, 비용의 부담이라는 문제를 발견하고 새로운 해결책을 도출했다. 그리고 그가 사용하고 활용했던 문제 해결 방법의 도구는 대부분 구글과 같은 웹 사이트에서 쉽게 찾아볼 수 있는 정보와 약 500여 편의 논문이었다고 한다.

이처럼 정보와 지식의 송출 채널은 다양해지고 있고 마음만 먹으면 그 정보를 언제든 쉽게 내 것으로 만들어 가공할 수 있다. 다만, 어떤 새로운 문제를 발견하고 정의할 것인지 그리고 다양한 정보들을 어떠한 형태로 재구성할 것인지를 고민해야 할 시대인 것이다.

그런 교육적 패러다임을 학교가 선도적으로 따라가지 못하는 실정에서 부모의 역할이 더없이 중요한 시대가 되었다. 돈을 들여 학원을 많이 보내는 것이 최선의 방법이 아니라는 것은 누구나가 알고 있다. 부모는 자녀가 무엇을 생각할 것인지, 어떤 방법으로 생각할 것인지, 어떤 측면에서 자녀의 안목을 넓혀줄 것인지 자녀와의 대화를 통해 선택하고, 자녀의 생각과 말을 자극할 수 있는 가정 내 문화를 형성하는 것을 우선시해야 할 것이다.

아빠는 할 수 있어, 문화적 자본 상속

인간은 끊임없이 사회의 직간접적 상호작용 속에서 살아가고 또 성장한다. 유아기부터 청소년기를 거쳐 성인이 되어가면서 이루어지는 상호작용은 한 인간의 가치관, 신념, 성격 등을 형성하게 된다. 따라서 이 시기에 가장 많은 시간을 함께하는 사람이 누군가는 매우 중요하다.

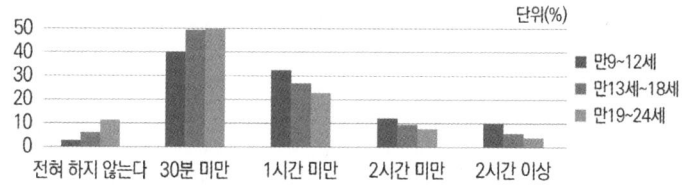

아빠와 함께하는 시간

출처 통계청[5]

위 그래프는 청소년 7,676명을 대상으로 조사한 통계청 자료에 따라 '아빠가 자녀와 함께하는 시간'을 통계로 보여주는 그래프이다. 자녀와 함께하는 시간은 '30분 미만'이 가장 많다는 것을 알 수 있다. 필자도 이 그래프를 보면서 나는 얼마나 많은 시간을 자녀와 함께했고, 함께하려고 노력하는지 되돌아보게 되었다.

유아기에서 청소년 시기에 스스로 형성하는 인간관계와 사회적 관계는 아무래도 제한적일 수밖에 없다. 따라서 이 시기에 정서적·인지적·동기적 영향은 부모와 가정의 문화가 많은 부분을 차지할 것이다. 자녀가 어리다면 주로 주변의 엄마 친구 아이들과 함께 또래 관계를 형성한다. 하지만 어릴 때 부모의 관계들 속에서 형성된 또래 관계는 친척을 제외하고는 의외로 오래가지 못한다. 특히 성별이 다른 경우 중학생이 되면서 같이 만날 자리가 있더라도 서먹해지기도 한다. 아이를 양육(정서적·육체적·교육적 양육을 포함하는 포괄적인 개념으로 이해하고자 한다)하는 데 부모의 역할은 절대적이겠지만, 억지로라도 우수한 집안의 아이들과 상호작용하게 될 때 큰 역할을 하게 되는 것은 아빠의 사회적 위치이다. 이번에는 문화적 자본 상속에서 아빠의 역할을 살펴보도록 하자.

가정에서 자녀를 양육할 때 아빠 역할의 중요성은 우리나라가 선진국의 반열에 들어서면서 더욱 강조되고 있다. 육아에 전념하기 위해서 육아휴직을 하는 아빠들도 늘고 있고, 새벽에 일어나서 아이들 영어를 봐주거나 수학 공부를 함께 하는 등 30대 젊은 아빠들은 워라밸을 추구하면서 자녀와 많은 시간을 보내려고 한다. 주말마다 함께 캠핑을 가거나 자녀와 취미생활을 즐기는 사례도 많이 볼 수 있다.

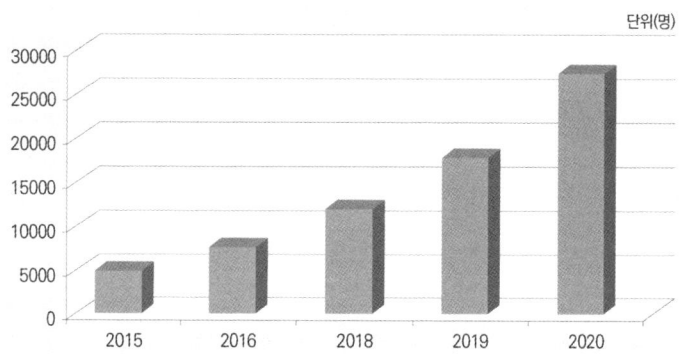

아빠의 육아휴직자 수

출처: 고용노동부(고용보험 DB자료)6)

위의 그래프에서 볼 수 있듯이 아빠들의 육아휴직 인원수는 해를 거듭할수록 늘어나고 있다. 우리나라에서 최근 진행한 연구 보고서에 따르면 99.9%가 아빠 양육 참여의 필요성을 인식하고 있으며, 아빠의 86.9%는 양육에 관심이 있고 자녀 양육에 참여 의사가 있는 것으로 조사되었다('부산지역 아빠육아 참여 활성화 방안'). 아빠들 거의 대부분이 자녀 양육에 관심을 갖고 있으며 실제로도 적극적인 참여를 할 수 있음을 시사하고 있다.

하지만, 이 결과의 이면을 더 들여다보면 조금은 아쉬운 부분도 있다. 실제로는 10명 중 7명이 시간적 이유와 육체적 피로 등으로 인해 자녀 양육이 충분하지 않다고 말하고 있기 때문이다.

자녀 양육의 질적인 수준에서도 순수하게 자녀와 함께 시간을 보내는 것이 즐겁기 때문에 양육에 참여한다는 아빠는 불과 34%에 불과하다. 나머지 약 66%의 아빠들은 아내의 요구나 주변 아빠와 비교를 당하기 때문이라는 등의 이유로 자녀 육아에 관심을 갖는다고 응답했다. 사실 자녀와 함께 보내는 시간이 정말 즐겁기에 자발적인 육아 참여가 이루어진다기보다 책임감이나 주변 압력에 의한 비자발적인 육아 참여의 비중이 높은 것이다.[7] 단, 과거보다는 아빠들의 육아 참여가 늘었다는 현 상황에 모두가 동의할 수 있는 수준이다.

사회에서 형성된 성역할의 인식도 있지만 아빠들 대다수는 스스로 자녀의 양육에 필요성을 느끼지 못한다. 보통은 내 자식이니까, 아내를 돕고 싶어서, 아내가 힘들어 하는 것 같아서 등의 이유로 육아에 참여하게 된다. 아버지에게 양육을 받은 기억이 없어서일까? 아빠들 대다수가 자녀 양육 방법을 모르고 있다고 해도 과언은 아닐 것이다. '아빠의 심리적 예측 변수와 아버지의 행동과 자녀의 유사 행동 예측에 대한 벨스키와 윌리엄(Belsky와 William)의 연구'는 아빠의 양육 경험이 다시 본인이 아빠가 되었을 때 양육에 영향을 미친다고 했다.[8] 자녀가 아빠의 행동을 모방해 자신이 아빠가 되었을 때 거의 흡사하게 반복한다는 것이다. 따라서, 어릴 때 아빠와 정서적 친밀감이나 유대감이 형성되지 않았고 아빠의 양육 기억이 없다면 자신도 자녀 양육에 어려움을 겪을 수 있다. 또한 이러한 성향은 원만한 대인관계 형성에도 지장을 줄 수 있다는 지적까지 존재한다.

어릴 때 부모로부터 친밀감을 유지하는 방법을 배우지 못했기 때문에 모방 없이 스스로 방법을 터득하기란 쉽지 않다는 것이다. 특히, 모방은 말로 설명하기 어려운 지식을 내면화하는 데 도움을 준다. 폴라니(Polanyi)에 의하면 인간에게 모방은 단순

히 말이나 행동뿐만 아니라 믿을 만하다고 판단된 사람의 사고방식까지도 따라 하는 것이라고 했다.9)

따라서 아버지와 긍정적 친밀감을 유지하고 아버지의 행동을 모방할 수 있는 자녀는 이러한 성향을 다시 다음 세대의 자녀에게로 전수한다. 버틀만(Buttelmann) 등의 연구에 따르면 아동은 외적인 조건보다 가정과 같은 내적 집단의 모델을 더욱 모방한다. 특히, 아빠의 언어에 대한 모방은 유사성이 상당히 높다는 연구가 있다.10) 아들의 경우 특히 아버지를 모방한다. 딸의 경우에도 아버지에 대한 이미지가 긍정적이든 부정적이든 아버지와 유사한 외모와 성격 그리고 분위기를 가지고 있는 배우자를 선호하는데 이것도 유사한 원리다.

따라서, 만약 가정에서 아빠가 논리적 사고를 하거나 혹은 논리적이고자 노력하는 모습을 보인다면 자녀 역시 그러한 모습을 닮아갈 것이다. 다채로운 단어와 조화로운 언어 표현을 하는 아빠의 자녀는 그 역시 그러한 표현을 따라 할 확률이 높게 될 것이며, 주변의 환경적 특징을 잘 구분하고 활용할 수 있는 아빠의 자녀는 환경적 능력이 높아질 것이다. 실제 가드너(Gardner)의 다중지능 이론의 여덟 가지 영역에서, 아빠의 지능이 자녀에게 어떤 상관관계가 보이는지에 대한 연구를 살펴보면 모든 영역에서 의미 있는 상관관계를 보이고 있다.

가드너(Gardner)의 다중지능 이론에서는 여덟 가지 영역을 음악 지능, 신체운동 지능, 논리수학 지능, 공간 지능, 언어 지능, 대인관계 지능, 개인이해 지능, 자연탐구 지능으로 구분한다.

대표적으로 논리수학 지능의 예를 보면, 이 지능은 숫자를 효율적으로 사용하고 귀납적·연역적 사고를 잘하는 능력과 관련이 있다. 언어 지능 같은 경우에는 음운, 어문, 의미 등의 복합적인 요소로 구성된 언어의 여러 상징체계를 빠르게 배우며 그에 관련한 문제를 해결할 수 있고 그러한 상징체계들을 창조할 수 있다. 자연탐구 지능은 다양한 꽃들이나 풀, 돌과 같이 식물과 동물을 구분하는 능력과 환경의 특징을 사용하는 능력을 말한다.[11][12][13]

이 여덟 가지 영역은 단순히 생각해보면 생물학적 유전으로 이해할 수도 있겠으나, 만약 이러한 요소들 중에서 가정에서 자녀에게 물리적인 유전으로 전수되고 상속되는 영역들이 분명 존재한다면 우리는 이러한 가정 내 문화적 유산을 가볍게 생각해서는 안 될 것이다.

특히, 자연탐구 지능, 언어 지능, 개인이해 지능, 대인관계 지능, 수리공간 지능에서 부모와 자녀는 높은 일치도를 보인다.

몇 가지 사례에서 볼 수 있듯이 가정에서 아빠 역할의 중요성은 엄마의 역할에 비해 결코 가볍지 않다. 긍정적인 문화적 자본을 보유한 아빠는 자녀를 향한 지지와 관심을 통해 자녀의 동기와 긍정적인 마인드를 높여 자기결정성 동기를 향상시키고 행동 조절 능력을 높여 자기효능감을 성장시킨다.[14] 반면에 부정적 문화유산을 보유하거나 무관심 또는 과잉 간섭을 하는 아빠는 자녀에게 긴장감을 유발할 뿐만 아니라 긍정적 정서를 경험하고 유지하는 능력을 감소시킨다. 따라서, 각 가정에서 아빠들은 긍정의 문화적 자본을 상속하기 위해 노력해야 한다.

1) 장미혜(2002). 사회계급의 문화적 재생산. 한국사회학, 36(4), 223-251.

2) 유선, 정영애. (2012). 사회경제적 지위와 학업성취의 관계: 문화자본과 교사기대지각의 매개효과. 교육학연구, 50(4), 1-22.

3) Vaughn, B. E., Block, J. H., & Block, J. (1988). Parental agreement on child rearing during early childhood and the psychological characteristics of adolescents. Child Development, 1020-1033.

4) 장영숙, 노운서. (2004). 아버지의 학력, 자녀양육에 대한 부부 일치도 지각 및 다중지능과 유아의 다중지능과의 관계 연구. 한국영유아보육학, 39, 149-169.

5) https://kosis.kr/statHtml/statHtml.do?orgId=154&tblId=DT_154013_B008&vw_cd=MT_ZTITLE&list_id=B_21_001_002&scrId=&seqNo=&lang_mode=ko&obj_var_id=&itm_id=&conn_path=MT_ZTITLE&path=%252FstatisticsList%252FstatisticsListIndex.do

6) http://www.index.go.kr/potal/main/EachDtlPageDetail.do?idx_cd=1504

7) 이옥희, 문정희, 박나리(2016). 부산지역 아빠육아 참여 활성화 방안.

8) Bailey, W. T. (1987). Infancy to Age Five: Predicting Fathers' Involvement.

9) 박수미. '창의성 교육 기반으로서 모방에 관한 연구'. 국내석사학위논문 부산교육대학교 교육대학원, 2016. (재인용)

10) Buttelmann, D., Zmyj, N., Daum, M., & Carpenter, M. (2013). Selective imitation of in-group over out-group members in 14-month-old infants. Child development, 84(2), 422-428.

11) 장영숙, 노운서(2004). 아버지 학력, 자녀 양육에 대한 부부 일치도 지각 및 다중지능과 유아의 다중지능과의 관계 연구.

12) Armstrong, T., Multple Intelligence in the classroom, Alexandtia, VA: Association for Supervision and curriculum Development, 1994.

13) Campbell, B. (1994). The multiple intelligences handbook: Lesson plans and more. Campbell & Assoc Incorporated.

14) 장영숙, 노운서. (2004). 아버지의 학력, 자녀양육에 대한 부부 일치도 지각 및 다중지능과 유아의 다중지능과의 관계 연구. 한국영유아보육학, 39, 149-169.

제2장

지적 자본

01

지적 자본(Intellectual Capital)

가정 내 문화적 자본은 자녀의 지적 영역으로 상속되며 전 생애에 걸쳐 상당한 영향력을 끼친다. 지적 자본은 자녀의 학습 능력과 같은 교육적 측면에 주로 영향을 끼치지만, 지식을 습득할 때 태도와 성취도에도 영향을 끼친다. 학습 환경이 동일하더라도 개인마다 지적 성장에 차이가 있는 것은 바로 지식을 습득할 때 보이는 태도 때문이다. 이것을 '인식론적 신념'이라고 하는데 이 개념은 하버드대학교에서 1997년에 진행한 연구를 통해 알려졌다. 요약하자면, 인식론적 신념이 강한 학습자는 자신의 학습능력에 믿음이 있어서 복잡한 지식도 습득하려는 의지를 보이며 발전한다. 하지만 인식론적 신념이 낮으면 단순한 지식 습득에 머물 뿐만 아니라, 자신이 높은 수준의 지적 성취를 할 수 없을 거라고 생각한다는 것이다. 이러한 인식론적 신념은 자녀의 말과 행동, 사고(思考)의 형태로 지적 자본이 된다. 결국 이러한 지적 자본은 자녀의 성장을 무한하게 촉진하기도 하고 반대로 제한하기도 하는 것이다.

02

아빠의 지적 자본

1장에서도 언급했지만, 우수한 문화적 자본을 상속받은 자녀는 학습 성취도가 대체로 높다. 여기서 학습 성취도라는 것을 현재의 내신 성적으로 판가름할 필요는 없다. 이번 중간고사 결과가 좋지 않다고 해서 자녀의 미래가 확정된 것은 아니다. 문화적 자본을 상속한 아이는 망친 중간고사의 성적을 통해서 새로운 학습 동기를 형성하고, 기말고사를 잘 치를 전략을 세운다. 자신의 지적 자본 수준을 대략적으로 알고, 자신의 현재 성적이 자신과 걸맞지 않는다고 생각한다. 그래서 더 발전하려는 의지와 노력을 스스로 발휘한다.

주변에 명문대 출신 전문직 부모의 자녀들 성취도가 부모 세대만큼 높지 않은 경우를 종종 발견할 수 있다. 그 자녀들은 우수한 두뇌를 타고났다는 것을 스스로 알고 있지만 발전하려는 의지가 낮은 사례다. 이러한 사례에서 자녀들은 스스로의 지적 능력이 부족하다고 생각하지는 않지만 좋은 머리로 이미 판단을 내린다. 자신이 부모의 기대치에는 못 미칠 것이라는 사실을 말이다. 분명 우수한 지능을 타고났지만,

그 지능에 '노력'을 얼마나 더하는가에 따라서 명문대에 가고 전문직에 종사할 수 있다는 사실을 잘 알고 있는 것이다. 부모의 직설적인 훈계와 감정적인 충돌이 반복되어, 자녀가 부모의 기대에 부담감을 과도하게 느끼는 아이들에게는 학습에 부정적 정서가 형성된다. 이러한 경우 지적 자본은 상속되기 어렵다.

가정에서 교육이나 학습의 인식이 긍정적이고, 자녀에게 여러 가지 학습 내용을 부담 없이 제공하며 문제 해결에 적용할 기회가 주어진다면 든든한 지적 자본이 형성될 수 있다.

테슬라의 창업자인 일론 머스크는 자녀들 교육을 위해 학교를 설립하여 운영한다. 그리고 자녀들에게 문제 해결력을 향상시킬 수 있는 교육방법을 강조하는 것으로 알려져 있다. 일반적인 가정에서는 쉽게 적용하기 어려울 수도 있겠지만, 아빠의 의지만 있다면 충분히 실현 가능하다고 생각한다.

머스크가 이야기하는 간략한 문제 해결력 예를 소개하자면 다음과 같다.

> "어느 시골 마을에 공장이 있다고 가정하자. 이 마을 사람들은 모두 이 공장에 취업해 있다. 그러나 이 공장 때문에 호수는 오염되고 생명체는 죽어간다. 공장 문을 닫으면 모든 마을 사람이 실업자가 된다. 반대로 계속 가동하면 주변 생명체는 모두 죽음에 이른다. 어떤 선택을 하는 것이 올바른가?"
>
> 출처: https://www.joongang.co.kr/article/22115383#home

물론 명확한 답을 내기란 쉽지 않다. 다만, 어떤 것이 지역 주민들과 생태계를 위한 최선의 방법일지를 고민하고 서로 생각을 공유하며 의견을 수렴하는 과정을 거치면서 나름대로 합리적인 대안을 찾는다. 이것이 머스크식 교육의 목표다.

지적 성장기에 있는 유아기, 아동기, 청소년기에 아빠의 역할은 자녀의 학습 인식 및 지적 성취도와 가장 연결고리가 높다. 예를 들어 아버지가 의사이고 자신의 직업에 만족하고 있으며, 자신의 병원 생활과 최근 진행 중인 연구 성과에 관해서 자녀와 수시로 대화를 나눈다고 가정해보자. 자녀는 자연스럽게 의학이라는 지식 영역에 관심을 가지게 될 것이다. 그리고 자연스럽게 의사라는 목표를 세우고 오랜 시간 의사가 되기 위한 학습을 해서 올라갈 것이다. 그러면 실제로 학업과 직접적으로 관련된 활동에 적극 참여하고, 학교 활동에서 내신 관리와 장래희망 기재, 동아리 활동도 장래희망과 연결 지어 스스로 관리할 것이 분명하다. 이러한 경우 초·중등생 때부터 높은 학업적 자기효능감과 자기조절 효능감이 목표의식을 심화하고 성공적인 진학에 도달할 확률을 높인다.1)

우리나라 자녀 교육 3요소는 '엄마의 정보력', '아빠의 무관심', '조부모의 재력'이라고들 한다. 이와 같이 자녀 교육에서 아빠의 모른 척과 무관심을 강조하는데, 비싼 학원을 보낸다고 자녀의 성공이 보장되지는 않는다. 여기에 가정에서 상속되는 문화적 자본에 대한 정보는 빠져 있다. 슬프지만 현대 사회에서 개천에서 용 나기는 이미 어려워졌다. 아버지의 지적 자본을 계승하고 상속해야겠다는 자녀의 신념을 형성하는 것이 결국 아빠의 문화적 자본에서 나온다는 사실을 알아야 한다. 아빠는 자녀의 학습 성취도와 정서에 적극적으로 영향을 주고 지지를 보내는 역할을 해야만 한다. 그리고 부모가 같은 마음과 뚜렷한 교육적 가치관을 갖고 자녀에게 높은 이상을 갖게 하는 것, 지치지 않는 학습 열정과 목표의식을 강화하여 복잡한 지적 자본을 습득하도록 하는 것이 아빠의 문화적 자본이다.

03

대학의 상속자들

지적 자본은 한 가정의 보이지 않는 무형자산을 총칭한다. 지적 자본의 근간은 경영학과 평생교육 분야에서 다뤄지는 개념으로, 좀 더 풀어서 말하자면 지식 자본, 금전으로 환산하지 않는 비재무적 자본, 비물질적 자산, 보이지 않는 자산 등이 이에 속한다.2) 지적 자본은 특정 조직에서 또는 가정에서 지적·정서적 유산으로 대물림될 수 있는 모든 것이라고도 할 수 있다. 이렇게 판단할 수 있는 이유를 유럽의 예를 들어 이해해보자. 대학을 하나의 조직이라고 본다면 유럽의 많은 대학들은 이미 오래전부터 대학이 가진 지적 자본(교육·연구 분야)의 관리와 지표화, 시스템 도입을 위해 많은 노력을 기울여왔다. 대학과 대학 간의 무한 경쟁 속에서 무형자산을 체계적으로 관리했으며, 각 대학의 관리자들은 필연적으로 무형자산을 통합하고 새로운 관리 시스템으로 혁신하는 노력을 해왔다. 이러한 노력들은 각 대학 학생들의 역량 강화와 글로벌시대 리더 양성에 큰 도움이 되었다.3)

그렇다면 명문 대학은 해당 무형자산을 공개하거나 공유하지 않았던 것일까? 세

미나를 개최하거나 보고서를 만들어서 공유하고, 차상위 대학들은 해당 내용을 분석하고 모방하는 노력을 했다. 하지만 모두 무형의 자산을 관리하고 통합하여 학생들의 성장에 도움을 줄 수 있었던 것은 아니다. 그 이유는 무엇일까?

런던경영대학원 경영학 교수인 린다 그래튼(Lynda Gratton)도 언급했던 이 지적 자본에 대한 투자는 어떤 문제와 도전을 만났을 때, 자신의 지식을 현명하고 심층적인 사고 능력과 결합시키는 것이라고 했다. 각 대학들이 세미나에서 또는 보고서에서 제공받을 수 있었던 것은 시스템을 정리한 정보 그 자체다. 따라서 대학의 관계자는 제공받은 정보를 현명하고 심층적인 사고 능력과 결합하여 주어진 환경에 맞게 내재화하고 실행해보는 노력을 해야 한다. 그 과정에서 경험적인 지식이 쌓일 것이고, 시행착오를 겪고 나면서 최적화된다. 하지만 대학의 고유한 지적 자본은 관계자의 노력에 의해서만 만들어지는 것이 아니다. 대학을 구성하는 교수진과 학생들 모두의 노력이 필요하고, 학생들의 경우 선배에게서 후배로 계승될 수 있다. 이러한 노력이 이어지며 전통으로 굳어져야 비로소 대학의 지적 자본이 될 수 있다. 조직의 지적 자본은 한순간에 이루어지기 어렵지만, 끊임없이 구축하는 것도 매우 중요한 일이다.

린다 그래튼(Lynda Gratton) 교수는 미래에 가치 있는 일을 하거나 경력을 쌓고자 할 때 지적 자본이 더욱 중요해질 것이라고 강조했다.[4] 미래는 지식과 정보가 급속히 공유되는 네트워크 시대이다. 따라서 쉽게 모방하거나 차용할 수 없는 지적 자본일수록 그 가치를 더 크게 인정받을 수 있다. 가정에서 부모가 자녀에게 상속할 수 있는 지적 자본도 조직의 지적 자본과 마찬가지 가치를 갖는다. 지적 자본이 특수하고 희소성이 클수록 더 큰 자산 가치를 갖게 된다는 뜻이다.

04

암묵적 지식과 행동은
진짜 무서운 문화적 자본이지

'가랑비에 옷 젖는 줄 모른다.'

대수롭지 않은 일들이 오랜 시간을 두고 반복되면 큰일이 된다는 비유적 표현이다. 우리 자녀들은 오랜 시간을 두고 부모로부터 여러 가지 말투와 습관을 배운다. 어떤 가정은 누가 가르쳐주지 않았는데도 아빠와 아들의 손짓이나 걸음걸이가 비슷한 경우도 있다. 그만큼 굳이 명시적으로, 말이나 글을 통해 학습시키지 않았더라도 어쩔 수 없이 자녀에게 상속되는 암묵적 지식(Implicit Knowledge)과 행동이 분명 존재한다. 보이지 않는 그것들은 한 가정에서 가족 간에 공유되며 그 가치가 자녀들에게 지대한 영향을 끼친다. 이 암묵적 지식이나 행동의 가장 큰 특징은 누군가의 가르침이 없더라도 자녀가 스스로 습득하고 깨우친다는 것이다.

우리가 습득할 수 있는 지식이나 정보는 전달 방법이나 사고 과정에 따라 다양한 유형으로 분류된다. 한 가지 예를 든다면 지식에는 암묵적·명시적·명제적·선언적 지식 등이 있다. 이와 같은 다양한 지식은 대부분 어떤 특정한 정보나 개념이 전달될 때 언어화나 코드화가 가능한 지식으로 볼 수 있다.

학교나 직장 같은 곳에서 가장 일반적이고도 직접적으로 접할 수 있는 지식의 유형은 명시적 지식이 대표적이다. 이는 언어화할 수 있는 내용들이 사실적으로 체계화되고 정리되어 다른 사람에게 전달되는 것이며, 이를 전달받는 사람 역시 자신이 체계화된 지식이나 개념을 전달받고 있다는 사실을 충분히 인지하고 그에 맞게 반응할 수 있다.

그러나 암묵적 지식은 이러한 명시적 지식과는 반대로 인식된다. 암묵적 지식의 형태는 언어화나 코드화, 행동화 등으로 표현하기에 어려움이 있다. 이는 언어로 전달되는 지식이라기보다는 암시적이고 명확하지 않은 특성을 지닌 일상의 경험에서 습득된 지식을 의미한다. 명시적인 지식이 학교에서 많이 발생한다면, 이 암묵적 지식은 학교보다는 가정에서 더욱 많이 발생한다고 볼 수 있다.

앞서 이미 가정 내 문화는 의도하지 않더라도 자연스럽게 자녀에게 전수되기 때문에 더욱 중요하다고 언급했다. 이러한 문화는 부모들의 눈빛, 행동, 비언어적 태도, 가정의 특정한 분위기 등을 통하여 자녀에게 암묵적 지식으로 전달된다. 이렇게 전달된 지식은 평생을 살아가면서 기본적 소양과 태도의 밑거름이 되어 누군가는 좀 더 우수한 안목을 가진 문화적 자본을 소유한 성인으로 성장하게 될 것이고, 누군가는 부정적이고 좁은 시야를 가진 성인으로 성장하게 될 것이다.

　암묵적이라는 것은 '표현되지 않은 어떠한 것들을 이해하고 있거나' '드러내지 않는 표현, 개발되지 않은 것들의 본질이 내재되어 있다'는 의미를 가지고 있다. 암묵적 지식은 사람들이 말로 표현하지 않은 비공식적 이론의 형태나 내용이기 때문에, 이론을 새롭게 형성하기보다는 기존의 관습과 개념을 재구성한다는 특징이 있다. 가정에서 암묵적 지식의 전달이 중요한 이유가 바로 여기에 있다.

　가정에서 표현되고 전수되는 다양한 암묵적 지식과 태도는 이미 자녀들에게 형성되어 있던 개념과 가치관을 매개로 삼아 새로운 개념으로 재구성된다. 부모의 암묵적 지식과 태도가 자녀들의 새로운 긍정적 가치관과 열린 사고방식(창의적)으로 재형성되는 과정에 언제나 영향을 주고 있다는 사실을 깨닫게 된다면, 우리 부모들이 가정 내에서 어떤 행동과 언어습관을 갖춰야 하는지 굳이 강조하지 않아도 판단할 수 있을 것이다.

　암묵적 지식 연구를 발전시켜온 스턴버그(Sternberg)는 암묵적 지식이 행동과도 밀접한 관계가 있다고 했다. 스턴버그는 이 암묵적 지식이 결국 절차적 지식으로 귀결된다고 했으며, 이 절차적 지식이 곧 행동을 유발하는 지식이라고 설명했다.[5] 이러한 맥락에서 본다면 암묵적 지식은 결국 행동으로 이루어지며, 이 행동 과정에서 절차적 사고가 일어난다는 것이다.

　유아기와 청소년 시기를 지나면서 부모의 잘못된 암묵적 행동들은 결국 자녀의 현명한 절차적 사고의 방향성을 해치고, 또 그 잘못된 절차적 사고는 잘못된 행동으로 이어질 확률이 높다.

앞서 암묵적 지식은 자녀 개인이 스스로 깨우치는 경우가 많다고 언급했다. 스스로 깨우치고 습득한 지식과 행동은 고쳐지거나 개선되기가 쉽지 않다. 때문에, 자녀의 암묵적 지식 속에 잘못된 말과 행동, 절차적 사고가 스며들기 전부터 부모의 말과 행동에 각별한 주의가 필요한 것이다.

창의성도 상속할 수 있나요?

교육부에서는 '2022 개정 교육과정'의 목표를 다음과 같이 발표했다.

우리나라 국가 교육과정의 최종 목표는 '포용성과 창의성을 갖춘 주도적인 사람'이다. 그 밖에도 몇 가지 눈에 띄는 표현들이 있지만, 이번 장에서는 창의성에 관해 이야기해보기로 하자.

창의성은 근 20년 전부터 우리나라의 교육과정 개정 때마다 등장한 개념이다. 하지만 실제로 학교 교육과정에 큰 변화는 없었다. 그 이유는 1994년 이후 내신과 수능 위주의 입시제도가 한 번도 바뀌지 않았기 때문이다. 내신의 반영 비율, 학교생활기록부를 근간으로 하는 학생부종합전형 그리고 수학능력시험의 그 어디에서도 학생들의 창의성 계발을 촉진할 만한 요소는 찾을 수 없다. 주입식 교육, 문제 풀이 훈련, 평가 결과를 통한 서열화만이 반복되고 있었을 뿐이다.

하지만 학부모들은 사회의 급속한 변화를 인지하고 창의성이 필요하다는 사실을 알고 있었다. 그래서 '창의성', '사고력' 등을 키워준다는 전문학원에 고가의 수강료를 내고 자녀들을 보내고자 했다. 학원들이 밀집해 있는 상가를 지나다 보면 여기저기서 창의성을 키워준다는 간판과 홍보물을 쉽게 찾아볼 수 있는 것은 그만큼 창의성 교육을 원하는 학부모들이 많다는 증거이다.

미술, 음악과 같은 예술 영역은 물론이고 심지어는 암기과목을 가르치는 학원에서도 창의성이란 타이틀을 달고 영업을 하고 있다. 이러한 교육이 아이들의 창의성을 얼마만큼 발현시킬지는 의문이지만, 부모들은 사람들이 하는 일을 기계와 인공지능이 대체할 수 있는 시대에 '그래도 창의성 교육은 해야 하지 않을까!'라는 생각을 한다. 이보다 슬픈 사실은 현재 학교 교육이 창의성 교육과는 거리가 멀다는 것을 대부분이 부정하지 못한다는 점이다.

창의성은 아직도 신비롭고 지속적인 연구가 이루어지고 있는 영역이다. 창의성은 다면적인 현상이지만 때론 문화의 영향을 받기도 한다. 동양권 사람들은 서양권 사람들에 비하여 창의성 발현이 부족하다고 스스로 판단하고 있다고 한다. 이건 단순히 인식이 그렇다는 것이지 실제 동양권 사람들이 서양권 사람들에 비해서 창의력이 부족하다는 증거는 없다. 루도비츠(Rudowicz)의 연구에 따르면, 문화 자체가 창의성에 영향을 준다기보다는 근대화의 차이나 각 나라에서 창의성 표현의 기회가 문화 내에서 사회—역사적 역학 관계로 인해 균등하게 분배되지 않았기 때문이라고 말하고 있다. 또한, 창의성 과정에 참여하는 개인의 독특한 관점에서도 이해해야 한다고 말한다.6)

창의성을 한마디로 규명하기란 쉽지 않다. 손에 잡힐 듯 쉽게 잡히지 않는 창의성은 도대체 어떻게 발현되는 것인가? 창의적인 사람들은 애초에 그렇게 태어나는 것인가, 아니면 후천적으로 충분히 계발 가능한 영역인가?

창의성은 여러 가지 요소들과 다양한 상관관계가 있다. 그중 중요한 하나는 환경적 요소라고 생각한다.

과거 유럽의 르네상스 시대를 생각해보자. 르네상스 시대에는 전 세계 인류에게 칭송받을 만한 창의적인 인물들과 작품들이 다수 배출되었다. 레오나르도 다빈치, 미켈란젤로, 라파엘로, 단테, <데카메론>, <유토피아> 등 음악, 인쇄술, 항해술 같은 신기술의 발명품들이 쏟아져 나온 그야말로 문화와 기술의 혁신의 시대라고 해도 과언이 아니다.

인문주의와 휴머니즘을 근간으로 하는 르네상스 시대는 자유로운 탐구와 비판력을 자극했고, 이러한 사회적 변화는 개인주의를 가능하게 하여 자신의 의견이나 창의적 발상을 자유롭게 표현할 수 있는 문화적 분위기를 형성했다. 이에 창의력이라는 가능성의 새로운 토대가 마련됐다.

최근 우리나라 영화, 드라마, 음악이 전 세계 문화의 주도권을 잡은 K-culture의 시대가 왔다. 그만큼 이제 우리나라도 개인의 환경이 중요하다는 사실을 알 수 있다. 이 환경이라는 개념의 범위를 국가 단위에서 가정으로 좁힌다면, 가정환경이 창의성 발현에 많은 영향을 줄 수 있다는 것을 짐작할 수 있을 것이다. 유아기부터 가정에서 전수되고 학습된 습관이나 삶의 가능성을 배우는 세계관과 같은 문화적 자극은 한 인간이 성장하여 성인이 되어도 수정하기가 무척 어려운 영역으로 판단하고 있다. 따라서, 초기 환경부터 삶의 복잡한 발달을 가능하게 하는 습관과 사고방식 계발에 필요한 안정과 자극을 제공하는 것이 필수다.[7]

창의성 발현의 또 하나의 중요한 요소는 도전과 경험이라고 생각한다.

'돌다리도 두들겨 보고 건너라.'

이는 모든 일에 안전한 길을 택하여 후환이 없도록 한다는 말이다. 이 속담의 방점은 아마도 '안전과 안정'을 염두에 두고 하는 말일 것이다. 하지만 아직 경험하지 않은 길, 위험한 길을 빼고 남들이 먼저 갔던 안전한 길만 선택한다면 안전하다고 검증된 길일 뿐이다. 요즘같이 급변하는 시대에는 안전한 길을 찾아가기보다 남이 가지 않은 길도 최초로 가보는 '도전' 정신을 강조하고 싶다. 같은 의미로 돌다리를 안전하게 건너기 위해 두드리기보다는 돌다리를 건너기 위한 다른 방법과 도구를 창의적으로 찾아보는 실험적 사고를 하기를 권한다. 위험 요소가 많다고 해도 아무도 건너지 않았던 다리를 누군가는 분명 건너게 될 것이고, 그 다리를 건넌 사람은 다른 사람들이 느끼지 못한 다른 세상을 만나게 될 것이며, 그 안에서 현재에서 해결하지 못한 새로운 문제 해결 방법을 찾아 적용할 것이다.

도전의 과정은 두렵기는 하지만 긴장되는 만큼 끊임없이 새로운 생각이 일어난다. 그 순간마다 많은 의사결정을 하게 되고 성공할 수도 있고 때론 실패할 수도 있지만, 지속적인 도전은 나만의 특별한 경험적 지식을 쌓을 수 있는 계기가 된다. 또, 실패했던 경험을 토대로 그 과정에서 문제 해결 방법을 고안해내고 새로운 창의적인 생각의 발현이 시작될 수도 있다. 이렇게 꾸준한 도전과 경험이 창의적인 생각으로 발전하고 이 발전은 때로 파괴적 혁신을 이루어낸다.

창의성에서의 영역 특수성과 영역 일반성에 대한 개념화[8]

그 메커니즘은 위의 그림을 통해 설명이 가능하다. 어떠한 흥미로운 주제나 과제에 대한 한 개인의 노력(헌신)은 처음에는 피상적으로 시작되었더라도 그 이해의 정도나 성취도가 연령과 경험이 쌓여가면서 일반적인 지식을 넘어 고착화가 되어감을 의미한다. 여기서 창의성이 발현되는 순간은 일반성에서 특수성으로 넘어가는 과정이라고 생각하면 된다. 이 과정에서 과제를 대하는 개인의 마음가짐은 다양한 경우와 가능성에 대처하는 유연한 자세여야 한다.

창의성에서 영역 특수성이 경험과 유사한 관계성을 보인다고 말하고 있다. 다시 말하자면 이 그림은 애초에 창의적인 사람이 있는 것이 아니라, 흥미나 과제에 대한 자신의 노력과 집중 여부에 따라 점차적으로 창의성이 발현될 수 있다는 것을 의미한다.[9]

노력의 과정에서 쌓은 많은 지식과 경험은 창의성을 극대화해준다. 그 노력의 대상이 전문적인 지식의 학습이 될 수도 있다.

예를 들어, 의사는 끊임없는 수련과 수많은 수술 경험을 통해서 보다 정교한 수술이 가능하다. 수술 노하우를 담은 서적과 임상 사례를 소개하는 논문과 학술대회를 통해서 많은 지식을 쌓게 되더라도, 수많은 임상 실험과 수술을 거치며 기술이 정교해진다. 또한 전문의가 된 상황에서 경험한 임상 경험이 그 의사가 새로운 수술 방법을 고안하고 도전하기 위한 밑거름이 된다.

웹페이지를 만드는 프로그래머의 경우에도 마찬가지다. 코드를 외우고 있다고 해서 좋은 프로그래머가 되는 것이 아니다. 프로그래머들도 랙(Lag)이 덜 걸리고 안정되게 웹사이트가 운영될 수 있으며 버그가 최소화되는 코드를 짜기 위해서는 많은 지식과 경험이 필요하다.

미국에서는 창고나 차고에서 창업이 시작된다고 한다. 그러는 이유야 다양하겠지만, 집 안에서 발생하는 문제를 스스로 해결하기 위해서 자료를 찾고 직접 실험해보는 과정에서 문제 해결력이 극대화되기 때문일 것이다.

영화 감상, 음악, 코딩, 웹소설, 심지어 게임(혹시 모르지, 훌륭한 게임 기획자가 될지도)까지 자녀가 무엇에 대해서든 노력하고 있다면, 무작정 걱정하고 말리기보다 조금 지켜보기로 하자. 그리고 본인이 그 안에서 어떤 비전을 볼 수 있는지 서로 대화를 하는 것이 먼저라고 생각한다.

자녀에게 창의성을 상속해준다는 것은 어떤 대단한 일이 아니다. 옆에서 격려하고 응원하며 다양하고 새로운 경험을 쌓게 도와주는 것이 창의성을 높여주는 핵심이라고 할 수 있다.

그렇다면, 무작정 새로운 아이디어를 냈다고 해서 창의적이라고 할 수 있을까? 요즘같이 정보의 홍수 속에 사는 아이들은 좋은 정보, 창의적인 아이디어를 판별해내는 안목이 매우 중요한 지적 자본으로 작용한다.

06

사물과 현상을 바라보는 안목을 높여라

앞서 창의성 이야기를 했다. 이번 장에서는 또 다른 부류의 창의성을 가진 사람들을 살펴보고자 한다. 말하자면 '안목이 높은 사람'이다. 인류 역사상 최고의 그림으로 칭송받는 레오나르도 다빈치의 <모나리자>. 그 어떤 존경의 수식어를 붙이더라도 지나친 평가가 아닐 것이다. 하지만 <모나리자>는 처음부터 주목받은 작품이 아니었다. 다빈치는 이 그림을 프랑스의 왕 프랑수아 1세에게 팔았지만 수백 년 동안 그저 평범한 그림으로 평가받아왔다. 심지어 프랑수아 1세가 이 그림을 목욕탕에 걸어두었다는 얘기도 있다. 인정받지 못하던 이 그림은 1900년대 초, 페루지아라는 사람이 <모나리자>를 훔쳐 가는 사건으로 인해 전 세계인에게 주목받기 시작했다.

이 지점에서 생각해볼 문제가 있다. 무려 400여 년간 그저 그런 그림이었던 <모나리자>의 가치를 알아본 절도범 페루지아는 남다른 안목을 소유한 창의적인 사람인가? 아니면, <모나리자>를 처음 불법(장물)으로 사려고 했던 어느 이름 모를 미술상의 안목이 높았던 걸까? 원작자인 다빈치의 창의성과 <모나리자>를 재발견한 도둑 그리고 미술상의 안목은 창의성과 유사한 영역의 것일까?

굳이 거창하게 창의성이라는 말을 들먹이지 않더라도 이런 엄청난 창작물을 알아봤다는 사실만으로도 분명 일반인과는 비교되지 않는 높은 안목을 가지고 있었다는 것을 짐작할 수 있다. 어떤 상황이나 사안을 분별하는 안목이 높지 않다면 다음 사례처럼 기업의 흥망을 좌우할 정도의 판단 착오를 일으키기도 한다.

과거 카메라 필름으로 유명했던 코닥은 지금은 디지털 카메라에 밀려 몰락한 기업이 되었다. 아이로니컬하게도 디지털 카메라를 처음 발명한 사람은 다름 아닌 코닥의 연구원이었다. 필름을 연구하다 보니 아날로그식 필름을 디지털화하는 방법도 제일 먼저 제안할 수 있었던 것이다. 항상 혁신적인 아이디어란 문제 해결의 결과물이기 때문이다. 하지만, 연구원의 디지털 카메라에 대한 아이디어는 사장되었다. 카메라가 디지털화하는 순간 코닥 필름의 매출이 곤두박질칠 것은 분명했기 때문이다. 이렇게 기존 시장을 무너뜨릴 정도의 혁신을 파괴적 혁신이라고 하는데, 사실 코닥이 아니어도 디지털 기기의 발달로 언젠가는 실용화될 아이디어였다. 하지만 디지털 카메라의 확장성과 미래 가치를 예견하지 못한 코닥은 결국 필름 카메라 회사라는 이미지의 한계를 극복하지 못하고 몰락하고 말았다.

만약 경영진 중 누구라도 디지털 카메라가 가져올 미래를 예견할 선구안이 있었다면, 미래를 내다보는 안목이 있었다면 코닥은 아마 지금까지 건재했을지도 모르겠다.

디지털 카메라의 성장으로 소니나 캐논과 같은 정통 카메라 기업도 한때는 대호

황을 맞았지만, 결국 지금은 우리 손안에 들린 스마트폰이 고성능 카메라의 역할을 하고 있다. 이렇게 혁신적인 아이디어의 미래를 보는 안목은 기업의 흥망, 가계의 흥망을 좌우할 수 있는 중요한 지적 자본이다.

창의성과 안목 간에 등급이나 서열을 나누기는 어렵지만, 안목은 '창의성을 평가하는 기준'이라고 생각한다. 누구나 창의적인 아이디어를 낼 수는 있다. 하지만 그 아이디어가 '진짜 창의적인가!'를 평가하는 안목은 별도의 몫이다.

오프라인 비디오 가게를 온라인으로 옮겨놓은 넷플릭스의 창업자 마크 랜돌프, 온라인 결제 시스템을 최초로 만든 페이팔의 창업자 일론 머스크 등은 가장 창의적인 사람의 예가 될 수 있다. 이들이 성공한 배경의 공통점은 기존의 보편적인 시스템을 디지털 트랜스포메이션하는 과정에서 편리성을 더해 기하급수적으로 사용자가 늘어나게 되었다는 것이다.

자녀의 창의성을 키우기가 너무 어렵다면 대신 안목을 높여주는 것은 어떨까? 현재 그리고 미래를 살아갈 내 자녀의 안목을 키우기 위해서 가정에서 실천할 수 있는 몇 가지 방법들을 얘기하고자 한다.

첫 번째, 적극적으로 관찰하도록 하라.

"자세히 보아야 예쁘다."

나태주 시인의 <꽃을 보듯 너를 본다> 시의 첫 구절이다. 이 시의 의미는 아마도 무언가를 자세히 보다 보면 처음에는 미처 보이지 않던 것들이 보인다는 뜻이 아닐까 하는 생각을 한다.

필자가 근무하는 학교 미술실에는 학생들 작품이 전시되어 있다. 언젠가 '다르게 보기'라는 주제로 채워진 아이들 작품이 전시되어 있었다. 사진이나 그림으로 채워진 이 작품들은 철봉, 꽃, 친구 얼굴, 책상 등 그야말로 주변에서 흔하게 볼 수 있는 사물들을 다루었지만 '다르게 보기'라는 주제에 맞게 전혀 다른 각도에서 그 사물을 관찰한 모습이었다. 각 사물들은 보는 각도(위에서 보기, 아래에서 보기, 근접해서 보기, 멀리서 보기 등)에 따라 '어, 여기 이런 모습이 있었나!' 하는 생각이 들 정도로 새롭게 보였고 또 내가 몰랐던 다른 모습이 있는지 더 관찰하고 싶어졌다. 이러한 주제는 미술만이 아닌 과학, 국어 등 거의 모든 영역에서 필요한 교육 주제라고 생각한다.

추상화의 대가인 파블로 피카소의 작품을 한 번쯤은 본 경험이 있을 것이다. 피카소의 그림은 이해하기 쉽지 않은 게 사실이다. 피카소의 아버지는 미술 교사였다(아마도 가정에서 이러한 문화적 자본이 자연스럽게 상속되었을 거라고 생각한다). 피카소가 그림을 그리기 시작한 어린 시절 피카소의 아버지는 피카소에게 수년간 비둘기의 다리만 그리게 했다. 물론, 어린 피카소는 비둘기 다리만 그린다는 것이 지겨웠을지도 모르지만 그 시간은 결코 헛되지 않았다. 어제와 오늘이 똑같던 비둘기 다리였지만 서서히 보이지 않던 것들이 보이기 시작한 것이다. 그렇게 비둘기의 전체 모습에 초점을 맞춘 것이 아닌 비둘기 다리의 특징만을 확대하여 그리고 나머지 몸통은 작게 그리는, 우리가 보기에는 다소 이상한 그림들이 탄생하게 된 것이다. 이러한 관찰은 피카소가 추상화의 대가가 되는 기초가 되었다.

파블로 피카소 <울고 있는 여인> 1937, 캔버스에 유채, 60.8x50cm

이 그림에서처럼 아마도 피카소는 울고 있는 여인을 다른 각도에서 보거나 혹은 훈련된 관찰 능력으로 남들은 관찰하지 못한 특징을 찾아내고 자신만의 상상력을 가미하여 대상을 표현했을 것이다.

관찰의 중요성은 과학자들에게도 아주 중요한 필수적 요소로 인식된다. 아이작 뉴턴은 만유인력이라는 큰 업적을 남긴 물리학자이자 천문학자, 수학자이다. 그는 빛에도 색이 있음을 확인하고 일곱 가지 색의 가시광선을 분리하는 프리즘을 처음 발명하기도 했다. 프리즘의 발명이 우연적인 발견이라고 생각할 수도 있겠지만, 이것은 뉴턴의 어린 시절 장기적 관찰의 결과물이기도 하다.

많이 알려진 대로 뉴턴은 불행한 어린 시절을 보냈다. 가족들이 일을 나가면 혼자 놀 수밖에 없었던 그는 오랜 시간 창밖을 내다보며 가족들이 오기를 기다렸고, 아침부터 저녁까지 태양의 움직임 그리고 노을의 색을 관찰할 수 있었다. 태양의 움직임에 따라 그림자의 각도와 길이가 달라진다는 것을 깨달았고, 나중에는 사람들의 그림자만 보고도 시간을 알 수 있을 정도로 그의 지식은 고도화되었다. 뉴턴은 자신의 지식을 동원하여 해시계를 만들어 주변에 나눠 주었다. 노을과 빛을 향한 깊이 있는 관찰의 결과는 빛의 색을 검증하는 프리즘의 발명으로 이어졌다. 이런 맥락에서, 곤충학자 카를 폰 프리슈는 "세계는 참을성 많은 관찰자에게 그 놀라운 모습을 드러내 보인다"라고 말했다.[10]

같은 박물관, 같은 전시회, 때론 같은 영화나 드라마를 보더라도 그때마다 새롭게 발견되는 무언가가 있다. 오늘 자녀가 무언가를 관찰하는 과정에서 사사로운 새로움을 발견했다면, 칭찬해주고 그에 대해 서로 논의하고 토론하는 습관을 가져보도록 하자.

두 번째, 토론을 생활화하자.

토론(討論, Debate)은 의사결정이 필요한 특정 주제를 두고 찬성 또는 반대 의견을 가진 상대방과 논거를 통해 주장을 펼치는 활동이다. 혹자는 토론을 찬성과 반대 측이 경쟁적 의사소통을 통해 상대를 굴복시키는 말과 논리의 대결이라고도 한다. 토론의 묘미는 상대방의 논지 전개와 논거가 합당하다고 생각되면 설득되어 자신의 논리가 무너지게 된다는 점이다.

상대방에게 설득당하면 패자가 되지만 상호 소통적인 논증 과정에서 논리적 사고력이 계발된다. 논거를 정리하는 과정에서 많은 자료 검색이 이루어지면서 이때 자료에 대한 판단력이 증가한다는 장점도 있다. 보통 토론을 자신의 관점에서 상대에게 자신의 의견을 관철하려고 벌이는 경쟁으로 인식하지만 이는 토론을 잘못 이해한 것이다.

극도로 긴장하는 과정에서 논리성이 발달하고 부수적으로 정보 활용 능력과 사고의 구조화도 점진적으로 발달한다. 국어과 정규 교육과정에서도 토론을 배우지만, 창의적 체험활동이나 토론 동아리, 자유학기제 등의 활동으로 학생들은 토론 경험을 갖게 된다.

몇 년 전부터 토론의 중요성이 대두되면서 토론 학원도 생기고 민간 토론대회도 활발하게 개최되고 있다. 자녀가 어린 시절부터 혹은 고등학교 이전에 토론 경험을 쌓는 것은 논리적인 사고, 논리적인 말하기 능력을 기르는 데 도움이 된다. 특정 주제에 관해 명료한 자기 생각을 갖는 기회가 되기도 한다. 무엇보다 한번 토론해보았던 주제는 자신의 논거 수집 과정에서 관련 지식이 성장할 뿐 아니라 상대의 논거, 논지를 반박하는 과정에서 상대방이 제시한 근거를 논리적으로 평가할 수 있게 되며, 해당 주제의 전문성을 쌓는 기초가 될 것이다.

최근 3D 프린터를 사용하던 사람들이 폐질환에 시달린다는 뉴스를 보면서 문득 6~7년 전 토론대회에 출전했던 상황이 떠올랐다. 사실 당시 주제는 토론 주제로 적합하다고 보긴 어려웠다. '3D 프린터를 사용해야 하는가?'라는 주제였는데, 당시 메이커 운동 등이 활발해지면서 차세대 제조기술로 3D 모델링과 프린팅에 관심이 높아진 상황이었다. 물론 신기술을 활용하는 것에 찬성하는 의견, 해외의 보편화된 3D 프린터 사용을 근거로 들며 대한민국도 뒤처질 수 없다며 목소리를 높인 찬성 팀이 우세했다. 하지만 당시 반대 팀은 치아 3D 프린터가 개발되면 많은 치과 기공사들이 일자리를 잃을 것이라고 했고, 아직 3D 프린터의 재료가 인체에 무해한지를 검증해본 적 없다는 점을 논거로 들어 팽팽하게 맞섰다. 3D 프린터의 높은 가격과 관리, 유지보수 비용에 관한 비판도 있었다.

7년이 지난 지금, 당시 반대 의견을 제시한 팀의 우려가 많은 부분 맞아떨어지고 있다. 3D 프린터를 도입한 치과기공소는 더 많은 일을 하게 되었고, 2~3억이 넘는 고가의 기계를 들여놓지 못한 기공소는 버티지 못해 문을 닫아야 했다. 그뿐만이 아니다. 3D 프린터의 소재로 ABS라는 천연 옥수수 전분을 썼다고 했지만, 실제로는 고가의 필라멘트를 구입하기보다 1/10 가격으로 중국 제품을 구입해서 성분에 대한 검증 없이 사용했다. 일부 교사들, 3D 프린터 담당자들의 건강 이상 문제가 불거진 것도 최근 일이다. 또 급속한 3D 프린터 제품의 세대교체로 관리 및 유지보수 비용보다 신형을 구입하는 것이 더 효율적인 상황이 되었고, 채 써보지 못한 3D 프린터들이 산업 폐기물로 전락했다.

여기서 시사하는 바가 무엇인가? 결국 학생들의 토론 경험은 해당 주제를 깊이 사고해보는 시간을 갖게 해주었고, 자료를 찾으면서 정보 활용 능력과 전문 지식이 발전하며 마지막으로 발생할 수 있는 문제를 예측하고 해결 방안이 있는지 모색해보는 값진 시간이 될 수 있었다는 점이다. 아마도 해당 토론에 열성적으로 참여한 학생들은 3D 프린터 관련 뉴스만 나와도 관심 있게 시청했을 것이며, 현재 건강 악화로 고생하는 이들을 보면서 안타까운 마음도 들었을 것이 분명하다. 바로 이러한 토론 경험은 단 한 번으로도 장기 기억을 형성하고 또 평생을 두고 해당 주제에 관한 호기심과 흥미의 원천으로 작용하여 지속적인 지식의 업그레이드가 이루어질 수 있게 해준다.

최신 정보는 포털을 통해 검색한다. 특히 요즘은 장문의 질문을 분석하여 답을 찾는 등 포털의 검색이 인공지능을 탑재하면서 고도로 지능화되고 있다. 이러한 시대에 필요한 정보를 빠르게 찾고, 정보를 분별하고, 의사결정의 근거로 쓰고, 자신의 견해를 뒷받침하는 데 사용하는 능력은 매우 중요하다.

결국, 한 번의 의미 있는 토론 경험은 자녀들이 단순히 정보를 아는 것에서 더 나아가, 지식을 창의적으로 활용하고 개인의 고유한 노하우로 발전시킬 수 있는 단초가 될 것이라고 확신한다.

세 번째, 부모의 직업이나 취미에서도 안목은 높아진다.

어떤 집에서는 '내 자식만큼은 나처럼 키우고 싶지 않다'고 말하기도 하고, 또 어떤 집에서는 자식이 부모의 가업(직업)을 이어가길 원하는 경우도 있다.

부모가 어떤 직업을 가지고 있든 그 직업을 오랫동안 유지하고 있었다면 이미 그 분야에서는 전문가다. 그렇다면 그 직업만의 장점, 단점, 개선해야 할 점 등에 다양한 견해가 있을 것이다. 그 견해를 소재로 자녀와 소통해보도록 하자. 평소 부모와 나누는 대화를 통해 이미 들은 이야기가 있어 자녀들은 기본적으로 해당 분야에 관심을 가지고 있을 가능성이 높다. 또한 부모의 생물학적 유전자는 아이에게 이어졌을 것이기에 비슷한 관심사를 이미 가지고 있을지도 모른다. 부모는 자녀에게 전문적인 식견을 제시해주는 롤모델이 될 수 있고 직간접적으로 관련 분야의 특별한 경험을 제공해줄 수 있다. 예를 들어서 의류 디자인을 하는 부모라면, 디자인 툴(Tool)을 알려줄 수도 있고 실제로 자녀의 의류 디자인 결과물을 상품화해줄 수도 있다. 관련 해외 패션쇼에 동행할 수도 있고, 꼭 부모의 직업이 아니더라도 한두 가지 취미를 통해 재미와 흥미, 나아가서는 전문적인 지식에까지 도달할 수 있다. 취미 활동이 발전하여 자신의 본업을 능가하는 호큐페이션[11])으로 새로운 경제적 창출을 이루어내는 사람들도 적지 않다.

코엑스나 킨텍스, 벡스코에서 진행하는 박람회 나들이에 동행할 수도 있다. 가정환경 그리고 부모의 직업과 취미, 관심사들은 자녀의 성장에 영향을 줄 수밖에 없다는 사실에는 누구나 공감할 것이다.

'고기도 먹어본 놈이 먹는다.'

혹시나 경제적 여유가 있다면, 자녀에게 최신 전자제품(노트북, 스마트폰 등)을 사주는 것도 나쁘지 않다고 생각한다.

테슬라와 스페이스X로 잘 알려진 일론 머스크는 어린 시절 부모가 이혼하면서 아빠를 선택했다고 한다. 이유는 아주 단순했다. 아빠는 머스크에게 컴퓨터를 사줄 수 있었기 때문이라고 한다. 조금 극단적인 예일 수도 있겠지만, 어린 머스크는 그 최신형 컴퓨터와 놀면서 프로그래밍을 스스로 익혀 비디오 게임을 만들고, 어쩌면 그때부터 이미 우주선을 상상했을지도 모른다.

최신 전자제품 속에는 우리가 충분히 활용하지 못하고 있는 기능들이 숨어 있다. 아이들은 이 기능과 기술을 활용하면서 새로운 기능과 부족한 점을 개선할 수 있는 아이디어를 상상하며 창의력을 발휘할 수 있다고 생각한다.

07

현장 체험학습도 주입식 교육으로?

우리 가족은 국립중앙박물관이나 전시회, 대형 서점 같은 곳에 자주 간다. 아이들은 엄마, 아빠와 손에 손을 잡고 나들이 간다는 점 덕분인지 저마다 즐거운 표정이 가득하다. 오늘 부모님과 함께했던 이 기억은 아이들이 커가는 동안 얼마나 소중한 추억과 자양분으로 자리 잡을까?

#에피소드 1

엄마를 따라 국립중앙박물관에 간 은철이. 박물관에 도착한 은철이와 엄마는 누군가를 기다린다. 잠시 후, 또래로 보이는 몇 명의 학생들과 엄마들이 모인다. 곧 이 학생들을 인솔할 선생님이 오시더니 서로 반갑게 인사를 나눈다.

서로 친숙하게 인사를 하는 걸 보니 아이들과 엄마들은 서로 친분이 있는 사이인 것 같다. 선생님이 간단한 자기소개와 안내 사항을 전달하고 나서 학생들을 이끌고 어디론가 이동을 시작한다. 엄마들은 아무렇지도 않다는 듯 "열심히 공부하고 와" 하며 손을 흔든다.

학생들은 마치 잘 짜인 패키지여행처럼 이곳저곳을 둘러보며 선생님의 잘 정리된 설명을 듣기 시작한다. 일련의 투어가 끝나면 박물관 복도에 둘러앉아 선생님의 설명을 하나라도 놓칠세라 열심히 보고서에 적는다.

그렇게 아이들은 정해진 시간 안에 많은 정보를 주입식으로 교육받고 2~3장의 보고서를 통해 수준 높은 체험 활동을 했다고 생각할 것이다.

그 시간 엄마들은 무얼 하고 있을까? 손을 흔들며 아이들과 헤어진 엄마들은 커피숍에 모여 교육정보 교환을 위한 담소를 나누고 있다. 엄마들 역시 오늘 우리 아이들이 좋은 내용의 정보를 많이 흡수했기를 기대하며 아이를 위한 좋은 기획이었다고 스스로 만족할 것이다.

#에피소드 2

가족과 함께 국립중앙박물관에 간 유빈이. 오늘은 박물관에서 그림과 관련된 특별한 전시회가 있다고 한다. 유빈이는 그림에 관심이 많은 편이다. 그에 비해 유빈이 부모님은 그림에 대한 이해도가 높은 편은 아니다. 단지 유빈이와 시간을 함께한다는 점을 중요하게 생각한다.

조선시대에 그려진 모란 그림을 감상하며 자연스럽게 그림의 색감, 모양, 더불어 그림이 그려졌던 시대적 배경 등에 대해서 이런저런 얘기를 나눈다. 이런 대화의 장점은 유빈이가 스스로 더 알고 싶은 내용과 탐구하고 싶은 분야를 얘기할 기회를 주고 부모는 최선을 다해서 개방형 의사소통을 통해 피드백을 해준다는 점이다. 여기서 중요한 것은 스스로 탐구하는 내용이 주입식 교육에 비해 아이들 기억에 더 오래 존재한다는 것이다.

그림이 그려졌던 시대적 배경을 얘기하는 것은 그림에서 역사로 이어지는 자연스러운 융합교육이다. 융합교육은 대단히 특별한 교육이 아니다. 물 흐르듯이 자연스럽게 관련된 주제를 유사한 다른 주제와 접목하고 확장해주면 되는 것이다.

물론, 꼭 그림에 대해서만 이야기를 나눌 필요는 없다. 중간중간 학교생활이나 좋아하는 연예인 얘기를 해도 좋다. 그림을 보다가 떠오른 어떤 생각이든 괜찮다.

주입식 교육을 벗어난 부모와 자녀들의 교감을 위해서는 비록 적은 시간과 정보를 투자하더라도 자주 함께할 것을 권하고 싶다. 그리고 아이들이 한꺼번에 많은 것을 보고 배우고 얻어 갈 거라고 기대하지 않는 편이 좋다. 한번 방문했을 때 한 가지만 알고 가더라도 질이 중요하므로 훌륭한 성과라고 생각한다. 부모 역시 그 해당 분야에 많은 선수 지식이 없다 하더라도 문제 될 것이 없다. 아이들과 함께 이야기를 나누며 함께 배워가고 학습을 한다는 자세만으로도 아이들의 관심을 유지시킬 수 있으며, 게다가 엄마나 아빠도 잘 모르는 것을 자녀가 알고 있고 그것을 설명할 수 있다면 아이들은 학습 자존감이 더 높아질 것이다. 그러한 경우에 부모는 피드백을 주며 좀 더 고차원적인 질문으로 자녀가 한두 가지 생각을 더 할 수 있도록 유도하는 편이 좋다.

여유 있는 마음이 효과적인 현장 학습의 경험이 될 것이다.

08

자녀에게 적절한 여가와 휴식을 제공하자

요즘 우리 아이들은 고달프다. 힘든 학교생활과 평일도 모자라 주말에까지 학원으로 향하는 아이들. 우리 아이들에게 여가라는 것이 과연 있을까? 아이들의 여가라고 해봐야 고작 핸드폰 게임 정도가 아닐까 싶다. 하교하는 길가에서 짬을 내 휴대폰 게임을 하는 아이들을 볼 때면 한심하다기보다 안타까운 생각이 든다.

```
┌─────────────────────────────────┐
│   미래 사회를 대비하는 교육 방향 제시   │
└─────────────────────────────────┘

  인간상          핵심역량         교육목표

교육적 인간상의    지향해야 할 가치,   교육적 인간상과 핵심
  의미 진술 시    교과교육 방향과    역량을 연계하여
 주요 키워드 보완   성격에 대한 개념적   교육목표 체계화
              틀에 기초하여 체계화
· 자기 주도성                        반영
 주체성, 책임감, 적극적  지식·이해, 과정·기능,
     태도        가치·태도를 아우르는   민주시민 가치
              역량 개념
· 창의와 혁신                      생태전환 교육
 문제해결, 융합적 사고,
     도전                        일과 노동의 가치

· 포용성과 시민성    교과 교육과정 적용
 배려, 소통, 협력, 공감,
    공동체 의식
```

다시 '2022 개정 교육과정'의 '미래 사회를 대비하는 교육 방향 제시'를 보도록 하자. '교육목표' 하위 조건에 '일과 노동의 가치'라는 항목이 있는 것을 볼 수 있다. 교육목표에 일과 노동이 들어갔다는 것이 좀 의아하다. 특히 노동의 가치를 어떻게 해석하면 좋을까?

학교는 미래의 고급 노동자를 만들어내기 위해 극기 훈련을 하는 장소로 여겨진다. 물론, 여기서 노동자를 부정적인 의미로 쓴 것은 아니다. 노동자는 자신의 일과 업무를 성실히 수행해나가면서 경제적 이윤과 생산적 가치를 추구하는 우리 모두의 모습이다. 다만, 학교란 과거부터 지금까지 좀 더 우수한 노동자를 키워내기 위한 기본적이면서도 근본적인 교육 체계를 유지해야 하는 곳이라는 생각을 하는 정책 입

안자들이 존재하는 것이 안타까울 뿐이다. 근 30여 년간 교육과정 개정은 이루어졌지만, 교과 내용은 바뀐 것이 크게 없다.

"교육은 여가 활동을 '지적 활동에 소비'하기 위한 준비이다."

―아리스토텔레스

아리스토텔레스는 그의 저서 <시학>에서 교육은 여가 활동을 '지적 활동에 소비'하기 위한 준비라고 정의했다. 이 여가 활동의 의미를 개인적 가족 구성원의 관점에서 본다면, 일상에서 벗어난 자신만의 관심사를 탐구하고 발전시키는 자기 만족감과 내일을 위한 재충전의 시간일 것이다. 그리고 만약 그 여가활동이 가족 구성원과 함께 이루어진다면 가족 구성원의 결속력은 더욱 강화되고, 그 과정에서 교육적 경험이 쌓이게 된다면 여가 활동은 진정한 '지적 활동에 소비'하기 위한 여가가 된다.

현재 우리 학생들이 교육을 받는 목적은 무엇일까? 아리스토텔레스는 여가 활동이 교육의 목적이라고 했다. 여가라는 것은 즐거움과 행복, 복된 삶을 그 자체에 내포하고 있고 행복은 여가 안에 있으며, 여가는 우리를 철학적 삶, 관조적 삶으로 이끌 수 있다고 했다. 여가는 다른 것이 아닌 여가 자체를 위한 활동이고, 유용성과는 별개로 가장 즐거운 활동이면서 행복과 복된 삶을 보장한다. 교육을 통해 개인은 자신이 속한 사회가 요구하는 지적·인격적 가치들을 갖추며 국가, 사회의 구성원으로 성장하게 된다는 것이다.[12]

여가는 단순한 놀이와 다르다. 즉, 인간으로서 번성하거나 본질적으로 좋은 것을 추구하는 기회를 제공하는 것만이 여가이다.13) 여가는 노동과 대립되는 단순한 휴식이나 놀이와도 구별된다. 놀이는 노동에서 오는 긴장감을 완화하는 역할을 하고 우리에게 단순한 휴식만을 주는 반면에, 여가는 행복과 즐거움 그리고 복된 삶을 그 자체에 내포하고 있는 것이다. 아리스토텔레스에게 교육은 여가를 위한 준비이다. 그리고 교육을 통해서 제공해야 하는 것은 여가이다. 따라서 교육을 통해 도덕적·지적인 덕을 얻는 데 필요한 훌륭한 판단력을 개발하고 좋은 삶이 차지하는 훌륭한 활동에서 즐거움을 얻는 법을 배우게 하는 것이다.

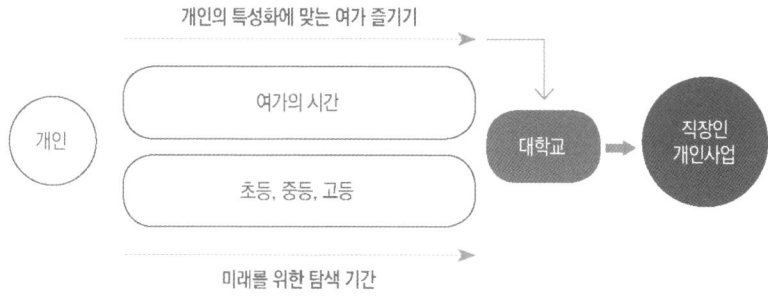

아리스토텔레스의 여가 개념과 노동 개념을 필자의 해석을 통해 위의 그림으로 도식화했다. 교과 학습을 위주로 하는 초·중·고등학교 시절은 기본학습과 자신의 미래를 위한 탐색을 위한 연습 기간으로 볼 수 있다. 여가는 학창 시절 내내 함께 이루어져야 하는 것이다. 그리고 좀 더 바람직한 여가라면, 개인의 특성이나 재능에 맞는 여가를 즐기면서 그 여가 안에서 성숙한 자기 계발을 함께 이루는 것이 중요하다.

여가가 성숙하지 못한 채 대학교를 졸업한 학생들은 취업을 하면서 단순 노동자로 살게 된다. 하지만 여가를 통해 자기계발도 함께 이룬 학생은 대학의 전공과목과 적절한 매치를 이룰 수 있으며, 나아가 취업을 통해 우수한 역량을 발휘하는 노동자가 될 수 있다.

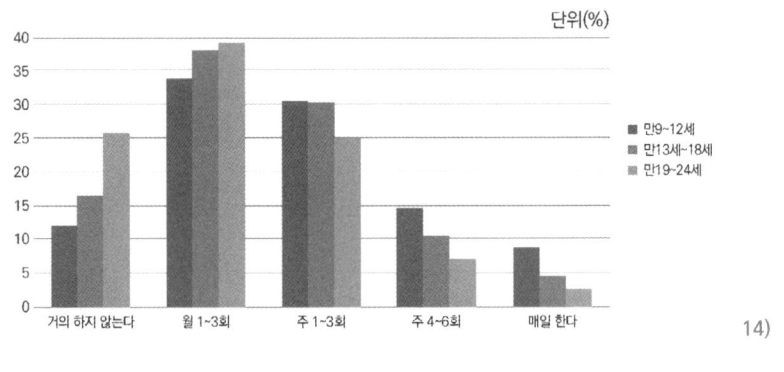

부모님과의 여가활동

14)

출처 : 통계청

위 그래프는 청소년들이 부모님과 하는 여가활동 비율을 나타낸다. 월 1~3회 정도 부모님과 여가활동을 한다는 항목의 비율이 가장 높았다. 그래프에서 볼 수 있듯이 '거의 하지 않는다'라는 항목도 비율이 높은 편이다.

특별히 외부에서 거창한 활동을 하지 않더라도 자신의 가정환경에서 할 수 있는 활동을 찾아 적은 시간이라도 할애하여 자녀들과 함께 여가활동을 할 것을 권한다.

1) 전태숙(2013). 중학생의 부모학습관여와 진로포부관계에서 학업적 자기효능감의 매개효과 연구. 21세기사회복지연구, 10(2), 163-191.

2) Edvinsson, L., & M. Malone (1997). Intellectual Capital: Realizing Your Company's True Value by Finding Its Hidden Brain power, New York: Harper Collins Books.

3) Iacoviello, G., Bruno, E., & Cappiello, A. (2019). A theoretical framework for managing intellectual capital in higher education. International Journal of Educational Management.

4) 린다 그래튼, <일의 미래>, 생각연구소, 2012.

5) Sternberg, R. J. 외. Practical Intelligence in Everyday Life. (정명진 역). <실용지능>. 서울: 도서출판 부글북스. 2008.

6) Rudowicz, E. (2003). Creativity and culture: A two way interaction. Scandinavian journal of educational research, 47(3), 273-290.

7) 칙센트미하이(Csikszentmihalyi), <십대의 재능은 어떻게 발달하고 어떻게 감소하는가>, 에코리브르, 2016.

8) 로버트 스탠버그, <창의성, 그 잠재력의 실현을 위하여>, 학지사, 2013.

9) 로버트 스탠버그, <창의성, 그 잠재력의 실현을 위하여>, 학지사, 2013.

10) 로버트 루트번스타인, <생각의 탄생>, 에코의서재, 2007.

11) 호큐페이션: 취미(Hobby)와 직업(Occupation)을 합친 신조어.

12) 손윤락(2013). 아리스토텔레스의 시민 교육에서 덕-성격과 음악. 동서철학연구, 69(0), 29-47.

13) Curren, R. (2010). Aristotle's educational politics and the Aristotelian renaissance in philosophy of education. Oxford Review of Education, 36(5), 543-559.

14) https://kosis.kr/statHtml/statHtml.do?orgId=154&tblId=DT_154013_A013&conn_path=I2

제3장

동기적 자본

01

동기적 자본(Motivational Capital)

'칭찬은 고래도 춤추게 한다.'

이 표현은 칭찬과 격려가 사람에게 힘이 되고 위안이 되며, 삶을 지탱해나가는 원동력이 된다는 말을 함축적으로 표현하고 있다. 말을 못하는 동물도 그러한데 하물며 사람에게는 칭찬과 격려, 긍정의 메시지가 얼마나 중요할지 다시 한 번 생각하게 한다.

"이걸 네가 한 거라고? 정말 훌륭한데!"

"지금까지도 잘해왔고 앞으로도 잘할 수 있을 거야."

자녀에 대한 칭찬, 격려, 긍정적 반응. 이러한 표현들은 모두 동기를 유발한다. 그리고 이 동기는 자녀가 어떠한 행동이나 일을 할 때 그 행동을 결정하게 되는 중요한 심리적 요인으로 작용한다.

02

아빠의 동기적 자본

무시하는 듯한 누군가의 말 한마디에, 누군가의 무례한 행동이나 얼굴 표정으로 인해 상처를 받고 무언가를 하려고 했던 마음속 의지나 동기가 꺾이는 일은 누구나 살면서 경험한다.

하지만 돌이켜 보면 그런 부정적이고 상처를 주는 반응들을 오히려 가정 내에서 적지 않게 주고받고 있다는 것을 대부분 인정할 것이다.

자녀의 동기적 측면에서 본다면 가정에서 아빠는 어떤 위상과 영향력을 끼칠까? 이런 의문을 품기 전에 우리나라 아빠들은 일단 너무 바쁘다(물론 엄마들도 바쁘다). 자녀에게 동기부여는커녕 자녀의 얼굴 보기도 쉽지 않은 것이 현실이다. 그럼에도 불구하고 가정에서 아빠가 자녀에게 미치는 동기부여나 영향력은 절대 가볍지 않다.

아빠는 다양한 영역에서 자녀의 동기를 자극한다. 학습영역, 생활영역, 놀이, 심지어는 자녀의 가사 활동 참여에도 아빠의 동기부여가 영향을 미친다.

일반적인 연구에서는 아빠의 사회적 지위나 학력이 높을 때 자녀에게 상속되는 문화적 자본이 우수하여 대체로 자녀의 학습 성취도가 우수한 것으로 나타난다. 그렇다면, 모든 아빠들이 사회적 지위나 학력이 좋아야만 할까? 조건이 좋다면 선택지가 많다는 장점이 있다는 것은 분명 인정할 수밖에 없지만, 그렇다고 너무 낙담하지는 말도록 하자.

이러한 의문을 해소하기 위해 디마지오(Dimaggio)라는 학자는 아버지의 학력과 지위를 통제했을 때 자녀에게 미치는 문화적 자본의 영향이 어떠한지 연구를 진행했다. 이 연구 결과에서는 아버지의 학력과 지위를 통제한 후에도 다양한 체험활동과 문화생활을 접한 자녀는 그 문화적 자본이 올바르게 전수되고 고급문화에 대한 관심과 참여 정도가 좋았다. 또 영어·역사·사회·수학 과목 등의 학업 성취도에도 긍정적인 영향을 받은 것으로 나타났다. 특히 남학생의 경우, 사회경제적 지위가 낮은 가정에서 체험과 문화생활이 더욱더 긍정적인 의미를 갖는 것으로 연구되었다.[1)]

비록 아빠의 사회적 지위가 낮더라도, 또는 많이 배우지 못했더라도 아빠의 자녀 사랑과 동기적 자극에 따라서 자녀에게 상속되는 문화적 자본의 양에는 분명 차이가 날 것이다. 앞에서도 말했듯이 동기는 인간의 말이나 행동이 시작되는 근간으로 행동의 긍정적 방향을 제시하며 또한 그 행동을 오랫동안 유지해줄 수 있는 심리적 요인이라고 했다.

여기에서 말하는 동기는 무언가를 배우고 따라 하고자 하는 의욕을 의미한다. 가정 내에서 이러한 동기를 갖기까지는 부모와의 꾸준한 의사소통과 많은 반복적 체험이 필요할 것이지만, 어떠한 특정한 계기를 통해 동기를 얻을 수도 있다. 동기란 다분히 심리적 요인에 기반을 두게 되므로 어떤 계기를 통해서든 한번 발현된 동기로 칭찬과 흥미, 재미를 느끼게 된다면 그 동기는 더욱 강화된다. 또한 어쩌면 몰입으로 이어질 수 있는 개연성이 높다고 볼 수 있다. 동기는 더 나아가 새로운 탐구적 호기심을 자극하고 새로운 것들을 편견 없이 받아들일 수 있는 사고의 전환으로 창의적 사고방식의 씨앗이 될 수 있다.

그리고 한 가지 흥미로운 것은 아빠와의 놀이이다. 자녀는 엄마와의 놀이보다 아빠와의 놀이 시간에 상호작용이 더욱 원만하고 기대감이 향상된다고 한다. 놀이를 할 때 엄마들은 정해진 규칙에 기반을 두어 놀이를 하는 반면, 아빠들은 규칙이 정해져 있더라도 규칙을 상황에 따라 변경한다든지 규칙을 유추하기가 어려운 놀이를 즐기기 때문이다. 이는 자녀가 더욱 흥미를 느끼고 놀이에 온전히 몰입할 수 있게 해준다.[2]

그러고 보면, 필자도 예전에 아이들과 놀아줄 때 간혹 엉뚱한 미션을 부여하거나 정해진 규칙을 변경했던 것들이 생각난다. 필자는 아이들이 어릴 때 보드게임을 많이 했다. '할리갈리'라는 게임을 할 때도 정해져 있는 규칙이 아니라, 전체적인 게임 양상을 조망하면서 숫자의 조합이 아닌 그림의 조합이나 색깔의 조합, 종 치는 방법 등을 변경해 승패를 조작하려는 시도를 자주 하곤 했다. 물론 이런 교묘한 방법을 아이가 발견하고 이의를 제기하는 것도 소소한 재미라고 할 수 있다.

03

'몰입' 너도 할 수 있어

"우리 아이는 산만한 편이라 공부를 집중해서 하질 못해요."

"남자아이라서 그런지 차분히 앉아서 뭘 하질 못하네요."

주변을 보면 이러한 걱정이 있는 부모들을 자주 만나게 된다. 아이들은 어떠한 일이나 학습을 할 때 그 과정에 오랜 시간 집중할 수 없고 나아가 몰입을 하는 시간이 그다지 길지 않다. 집중을 하기에도 쉽지 않은데 몰입이라니. 몰입이라고 하면 조금은 거창하고 뭔가 대단한 일을 해낼 것만 같은 거시적인 느낌마저 드는 것이 사실이다. 이상하게도 아이들은 대부분 핸드폰 게임을 할 때만 놀라울 정도로 집중력을 발휘하고 몰입 상태에 빠지게 된다. 이런 아이를 보고 있는 부모들은 '공부를 그렇게 하면 좋을 텐데'라는 생각에서 나오는 하소연을 하곤 한다.

어른도 마찬가지지만 아이들도 무언가를 할 때 그 일이 진심으로 즐겁다면 어느 순간 몰입하게 된다. 비록 몰입 시간이 많이 길지는 않다 하더라도 그러한 몰입의 순간을 일단 맛보게 된다면 그보다 더 짜릿한 순간은 없을 것이다.

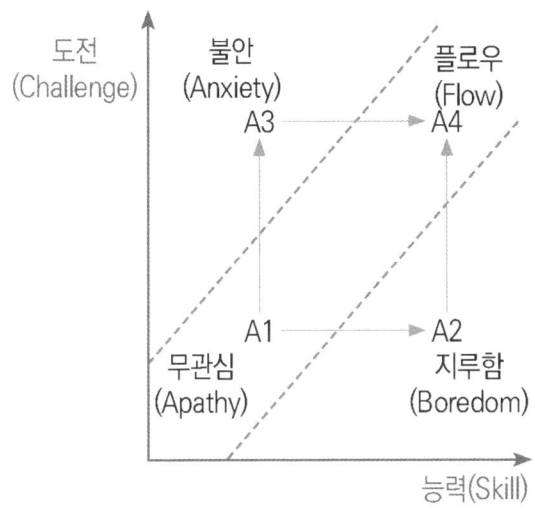

몰입(Flow) 4채널 모델[3]

위 그림을 통해 몰입의 상태에 이르게 되는 상황이나 과정을 살펴보기로 하자.

A2는 능력(Skill)은 좋으나 도전과제(Challenge)의 수준이 낮아 지루함을 느끼고, A3는 능력보다 도전과제의 수준이 높아 불안감을 느낀다. A1은 능력도 좋지 않은데 도전과제도 쉬운 경우 무관심(Apathy) 상태에 빠지게 된다는 것을 보여준다.

이와는 정반대로 완벽한 몰입(Flow) 상태로 접어들게 되는 경우는 A4와 같이 높은 능력과 높은 도전과제가 동시에 이루어졌을 경우다. 따라서, 자녀가 학습하거나 어떠한 일을 수행할 때에는 자녀의 지적 수준이나 능력에 맞는 도전과제를 부여해야만 한다.

물론 그 몰입의 대상이 꼭 공부여야만 할 필요는 없다. 음악이나 책이 될 수도, 영화 감상이 될 수도 있고 무언가를 수집하거나 글을 쓰는 일이 될 수도 있다. 다만, 아이들은 아직 외부 자극에 쉽게 흔들리고 인내력이 약하므로 몰입의 대상을 찾아가는 과정 중에 가정에서 아빠의 인지적 역할과 아빠가 만들어줄 수 있는 환경이 중요하다. 이러한 몰입에 관한 인지적 과정을 학습적인 측면에서 살펴보도록 하자.

과거에는 학습자의 몰입(Student Engagement)에서 행동적인 측면을 강조하는 경우가 많았다. 그러나 최근에는 몰입의 정의를 성취하고자 하는 학습 결과를 위해 학습자가 쏟는 노력의 질(Quality Of Effort)로 정의하고 학습 과정에서 보이는 학습자의 집중, 흥미 및 노력 등의 강도를 의미한다.[4)5)] 이 몰입은 자신도 모르는 사이에 시작되지만 이러한 몰입의 과정을 구분해보자면 명확한 목표, 구체적인 피드백, 도전감과 숙련도의 균형, 과제에 대한 집중, 활동과 인식의 통합, 통제감, 자의식 상실, 시간의 왜곡, 자기 목적적 경험 9단계로 구분할 수 있다.[6)] 학습이나 어떠한 행위의 과정에서 자녀의 몰입을 끌어내기 위해서는 아홉 가지 방법이 있지만 사실 이건 너무 어렵고 종류가 많아 보이는 것이 사실이다. 그렇다면 좀 더 영역의 특성을 고려하여 다섯 가지 인지적 영역으로 줄여보도록 하자. 명확한 목표, 도전감과 숙련도의 균형, 구체적인 피드백, 통제감, 활동과 인식의 통합으로 구분할 수 있다.[7)]

아홉 가지 중에서 다섯 가지로 줄었으니 이 중에서 최소한 서너 가지만이라도 성실하게 옆에서 도와준다면, 적어도 자녀가 학습을 할 때 집중하며 할 수 있는 여건이 마련될 것이다.

첫 번째, 명확한 목표를 자녀와 함께 설정하자.

목표는 자녀의 학습 성취도에 비해 충분히 도전할 가치가 있어야 하며 정확하고 구체적으로 설정해야 한다. 목표 달성을 위한 활동을 통해 자녀들의 목표 의식은 더욱 성장하게 된다.

여기서 부모는 자녀에게 그 과정에 대한 정확한 정보와 로드맵을 제공하는 촉진자 역할을 해야 한다. 촉진자로서 자녀가 지치거나 힘들어질 때 내적인 목표와 지침을 다시 한 번 환기해주고 과제가 원만하게 진행될 수 있도록 도와준다.

처음에는 쉽지 않은 과정이겠지만 작은 목표를 시작으로 점진적으로 다음 목표를 설정해나간다면 어느 정도의 레벨에 도달하게 될 것이고, 아마 자녀는 높은 자신감과 목표 성취감 덕분에 스스로 의도한 행동을 실천하게 될 것이다. 또, 심리적인 불안감이나 위험을 스스로 컨트롤하여 몰입을 경험할 가능성이 높아진다.

두 번째, 과제를 수행하는 과정에서는 구체적이면서도 즉각적인 피드백이 필요하다.

피드백은 어떠한 과정에서 보이는 반응을 의미한다. 자녀의 행동에 부모가 어떤 피드백을 주느냐에 따라 자녀는 스스로를 평가하게 된다.

피드백은 즉각적일수록 좋다. 피드백의 과정에서 아빠와 엄마의 역할은 아주 중요하다. 부모는 자녀가 이 어려운 과정을 무사히 끝마쳤을 경우 얻어낼 수 있는 보상이나 기쁨 등을 상기해주고 격려해줄 수 있어야만 한다. 특히, 앞서 언급한 즉각적인 피드백은 수행의 과정에서 이루어지는 상황을 자녀에게 지체 없이 송환시켜야 한다. 그리고 평가 정보의 교환 방식으로 학습이 이루어지는 과정과 결과물의 도출, 학습 과정과 학습 성과를 자연스럽게 통합시켜주는 연결고리의 역할을 하게 된다. 피드백은 행동주의 관점에서는 '강화(Reinforcement)'의 기능 그리고 인지적 관점에서는 '정보적·교정적' 기능, 구성의 관점에서는 능동적이고 계속적인 지식과 이해의 구성활동을 돕는 인지적 도구로서 기능한다.[8] 피드백은 부모가 자녀에게 관심이 있다는 상징적인 의미이기도 하지만 이를 통해 자녀는 부모와 과정을 함께하고 있다는 정서적 교감을 이룰 수 있기 때문에 동기적 관점에서 중요하다고 할 수 있다.

세 번째, 능력과 도전과제의 균형을 이루자.

앞에 나온 그림에서도 알 수 있듯이 다음으로 고려되어야 할 점은 도전과제와 능력이 균형을 이루어야 한다는 것이다. 자신의 능력과 적절한 도전과제가 만났을 때 우리는 즐거움과 기쁨을 느낄 수 있다. 어떠한 과제를 수행하기에는 숙련도나 도전의식이 높지 않은 상황에서 과도한 목표가 주어졌을 경우, 자녀는 오히려 스트레스를 받을 수 있고 심할 경우에는 번아웃(Burn Out)이 되는 현상도 발생할 수 있다(간혹 학원을 너무 과도하게 다니는 친구들에게서 보이는 현상이다).

몰입은 다양한 심리적 요인에 의해 발생하며 적절한 능력이 요구되는 활동에서 나타난다. 여기서 능력은 자신이 실제로 성취할 수 있는 신체적·정신적 능력을 포함하며 스스로 지각한 능력치를 의미한다.

따라서, 부모는 우리 아이의 신체적·정신적·지적 능력을 충분히 고려하여 도전과제를 제시하고 그 과정을 함께해야 할 것이다.

몰입의 단계별 구성요소[9]

몰입의 구성요소	몰입의 조건	① 명확한 목표 ② 즉각적인 피드백 ③ 도전과 기술의 균형
	몰입의 시작	④ 과제에 대한 집중 ⑤ 행위와 인식의 통합
	몰입 경험	⑥ 통제의 패러독스 ⑦ 시간감각의 변형 ⑧ 자의식의 초월
	몰입의 결과	⑨ 자기 목적적 경험

동기부여의 마법, 자기결정성

> **자기결정성 이론(Self-determination Theory)**
>
> 자기결정성 이론은 사람들의 타고난 성장 경향과 심리적 욕구에 대한 사람들의 동기부여와 성격을 설명해주는 이론으로, 사람들이 외부 영향과 간섭 없이 선택하는 것을 동기부여와 관련된 것으로 본다.
> 자기결정성 이론은 인간 행동의 통제 원천이 어디 있는가를 기반으로 하며 이 원천은 그 시작이 내면인가, 아니면 외부인가로 나뉜다. 이 이론은 인간의 동기가 개인 스스로 완전히 내적 통제(예: 흥미, 호기심) 되었을 때 가장 높으며, 내적인 이유가 전혀 없이 순전히 외적인 통제(예: 강제, 강요)에 의해서 행동하게 되었을 때 제일 낮다는 명제를 기반으로 한다.
> 이렇게 스스로 결정한 과정은 동기부여가 잘되며 몰입의 상태로 진행되는 경우가 많고 성취감도 높다.

성인이 되어서도 주도적으로 무언가를 결정하지 못하고 엄마에게 의존하는 사람을 흔히 마마보이, 마마걸이라고 일컫는다. 이들은 어려운 일이나 부담스러운 상황에 부딪히면 부모의 그늘 밑으로 숨어버리는 경우가 종종 있다. 이는 아마도 어릴 때부터 스스로 생각하고 행동하며 결정하는 습관이나 연습이 되어 있지 않았기 때문일 것이다. 사실 이는 부모만의 잘못은 아니라고 본다. 우리나라의 문화적 맥락에서 생각해보면 아이 스스로 생각하고 결정할 수 있는 기회가 많지 않다. 사고와 인지 능력이 발달하지 않은 어린 자녀는 부모가 내비게이션(주행 지시) 역할을 해주는 것이 올바르나, 고학년이 되어갈수록 서서히 그 빈도수를 줄이면서 부모가 촉진자 역할 (Facilitator role)을 해야 한다. 자녀의 미래를 생각한다면 부모의 인식에도 분명 전환이 필요하다.

부모는 주로 자녀에게 격려와 보상, 때로는 긍정적 비판을 통해 외재적 동기를 부여해줄 수 있다. 하지만 이마저도 자녀가 점점 고학년이 되어갈수록 어려워진다. 쉽게 말을 듣지 않으려 하고 본인의 생각대로 하려는 성향이 강해지기 시작한다. 아직은 자녀가 어리게만 보이는 부모의 입장과 이제는 다 컸다고 생각하는 자녀의 생각은 여지없이 마찰로 이어지고 중2병이 생겨나기 마련이다. 때문에, 그러한 문제점이 발생하기 전에 본인 스스로 건전한 의사결정을 할 수 있는 자기결정적 동기를 부여해주는 연습이 필요하다.[10]

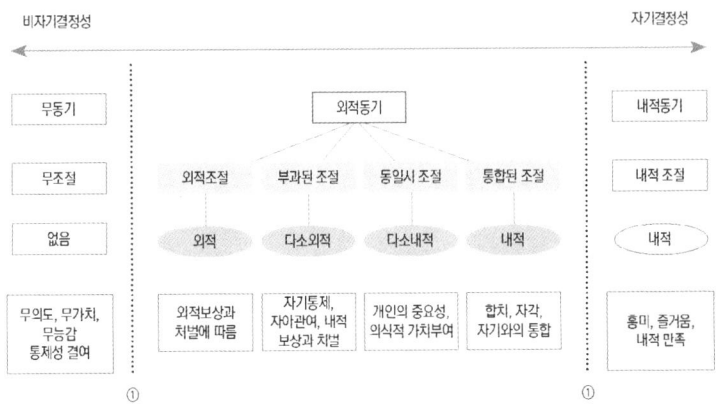

위 그림은 자기결정성 이론을 단계별로 잘 설명하고 있다. 동기를 크게 무동기, 외적동기, 내적동기로 구분하고 각각의 하위 범주들이 어떤 심리적 상태를 나타내는지 볼 수 있다.

무동기는 그야말로 어떤 동기와 자극에도 반응이 없는 상태를 의미한다. 외적동기는 다시 네 가지 범주로 나뉘고, 동일시 조절 영역에 들어서면서 적게나마 내적동기로서 의미를 갖기 시작한다.

내적동기는 온전한 자기결정성을 이루는 동기이며 이 과정에서는 스스로 즐거움과 흥미를 갖게 되어 학습이나 일에 더욱 노력하는 양상을 보인다.

과거에 동기는 내재적 동기와 외재적 동기로 구분되어 있었다. 하지만 이러한 동기의 관계가 단순히 대립적이고 경계가 명확히 구분되는 것이 아니라는 점에서 자기결정성 동기가 시작되었다. 특히, 이 자기결정성 동기의 특징 중 하나는 외부의 강한 동기가 개입되더라도 자기결정성을 가질 수 있다는 점이다. 때문에, 만약 이러한 자기결정성 동기가 형성된다면 학습 분야, 진로 분야, 취미 활동 등 자신의 행위에서 조절이나 통제를 할 수 있으며, 본인의 자기조절 정도에 따라 다양한 외적동기들을 함께 공유하며 조절할 수도 있다.

동서양을 막론하고 다양한 연구 결과에서 부모가 자녀의 지적 활동을 지지하고 그 성취도를 인정하는 가정환경에서 자란 자녀들은 높은 성취동기를 갖는다는 점이 나타난다. 하지만 간섭이나 통제가 강한 부모의 양육 태도는 자녀의 동기를 감소시키는 것으로 보고된다. 그렇다면, 자녀들의 자기결정성을 높일 수 있는 방법에는 어떤 것이 있을까?

첫 번째, 무조건적인 통제나 지시가 아닌, 연령대 및 인지적 레벨에 따라 스스로 결정할 수 있는 자율성과 권한을 부여하며 경쟁적 분위기를 완화해야 한다.

'스스로 결정하기'가 이루어지는 사고 과정에서 부모의 간섭은 최소화하고 최대한 자율성을 지지하고 보장해주는 것이 좋다. 이렇게 자율적인 환경이 조성되어 있는 가정환경에서는 자기결정성뿐만 아니라 학습적인 면에서도 자녀의 학습 동기가 증진되고 자기조절학습 능력도 긍정적인 영향을 받는다고 보고되고 있다.[11] 이후 부모가 개입하는 단계에서는 자녀의 결정이 이루어진 후, 그 결정에 관해 서로 상의하고 피드백을 주면 좋다.

반면, 통제가 심하거나 강압적인 지시가 우선시되는 집안 환경에서는 자녀가 부모의 눈치를 살피게 되고, 자기 생각을 자유롭게 표현하기 어려워진다. 그리고 자신의 행동이 통제되거나 잘 받아들여지지 않는다고 생각하는 순간 자녀는 더욱 스스로 무언가를 생각하고 결정하는 행동을 하지 않을 확률이 높다.

부모의 태도에 따라 자녀의 자율성과 자신감을 향상시킬 수도 혹은 저해할 수도 있다는 것을 항상 명심하자.

두 번째, 어떠한 일이나 학업의 과정에서 실수가 있더라도 격려하도록 하자.

특히, 칭찬보다는 '격려'하기에 더욱 중점을 두고자 한다. 격려는 결과보다 과정을 중요시한다고 할 수 있다. 우리나라에는 과정보다 결과에 더욱 의미를 부여하고 행여 결과가 나쁘면 노력했던 과정조차도 인정받지 못하는 사회적 분위기가 존재한다.

칭찬보다 격려를 더욱 중요하게 여기는 이유가 있다. 칭찬은 상대방과의 경쟁 결과를 자극하지만, 격려는 협동의 의미와 함께하는 사람이 어떠한 과정에서 기울이는 노력에 초점을 두기 때문에 결과에 연연하지 않고 자기 충족과 도전의식을 더욱 향상시키기 때문이다.

질책과 비난은 아이들뿐 아니라 성인들까지 위축시키고 소심하게 만든다. 아이들은 아직 성인만큼 경험치가 많지 않기 때문에 과정에서 실수나 오판이 당연히 있을 수 있다. 그렇더라도, 늘 격려하며 잘하고 있다는 긍정의 메시지를 보내준다면 우리 아이들은 분명 실수가 줄어들고 논리적인 사고에 기인한 합리적인 결정을 하게 될 것이다.

세 번째, 꾸준한 동기부여(내적·외적)를 촉진해주자.

'작심삼일'. 무엇을 결심하더라도 그 굳은 결심이 3일을 넘기기란 어른도 참 쉽지가 않다. 하물며 아이들은 오죽할까 하는 생각을 하게 된다. 앞에서 언급한 바와 같이 동기부여는 내적 동기부여와 외적 동기부여로 나뉜다. 그중에서도 당연히 내적동기가 우선시되었을 때 성취도와 몰입도는 높아질 수밖에 없다.

개인의 흥미, 즐거움과 재미 등 내재되어 있는 내적동기를 향상해줄 수 있는 환경은 상당히 중요하다. 내적동기를 향상시키는 요인 중 한 가지는 자율성의 경험이다. 이렇게 자율성을 경험하게 된 아이들의 행동은 유능감과도 관련이 있다. 라피니(Raffini)는 그의 연구에서 내적동기의 구성 요인에 자율성, 유능감 외에도 자존감, 소속 및 유대감, 관여와 즐거움이 포함된다고 했다.[12]

때문에, '아빠, 엄마는 네가 좋아하고 있는 것을 알고 있고, 언제나 그것을 지지하고 응원한다'는 외적 시그널을 멈추지 말아야 한다. 그리고 아이가 무엇을 하든 관심을 기울이고 함께 의논하며 피드백(자료나 정보를 적극적으로 후원하기)을 주자. 또한, 결과만이 아니라 열심히 하는 과정에서도 충분한 내적동기와 외적동기(격려와 보상)를 주어야 한다.

"자식이 행복한 삶을 살기를 바란다면 두 가지를 가지도록 도와줄 수 있다. 첫 번째는 행복을 느끼는 능력, 둘째는 원하는 것을 성취할 수 있는 능력이다. 행복을 느끼는 능력을 가지려면 삶을 스스로 설계하고 자신이 원하는 삶의 방식을 찾아야 한다."

―〈어떻게 살 것인가〉(유시민, 생각의길)

인지적·행동적·감정적 격려 표현들[13]

격려의 측면	구체적인 격려 표현들
인지적 자기격려	나는 대부분의 일을 잘할 수 있는 아이야. 나는 이 세상에 꼭 필요한 사람이야. 나는 괜찮은 아이야. 나로 인해 우리 가정은 행복할 거야. 내 결정은 대체로 옳을 때가 많아. 나는 점점 나아지고 있어. 나는 힘든 일이 있을 때 이겨낼 수 있어. 힘들어도 포기하지 말고 도전해보자. 목표가 이루어지는 순간을 떠올려보자. 친구들은 나를 좋아해. 친구들은 대부분의 상황에서 내 편이 되어줄 거야.
행동적 자기격려	내 몸을 토닥여준다. 주먹을 세게 쥐며 힘을 얻는다. '아자 아자 파이팅'을 외친다. 노래를 한다. 악기를 연주한다.
감정적 자기격려	모든 일을 희망적으로 본다. 배우는 것을 즐긴다. 나는 중요한 사람이라고 느낀다. 나는 내가 정말 좋다고 느낀다.

05

자율성이 높은 아이가 진정한 리더다

자율성은 외부의 지배나 타인의 구속력 없이 자유롭고, 온전히 본인 스스로가 생각하고 결정을 내린 후 행동을 하는 내적 원리이다. 하지만 이 자율성에는 위험한 양면성도 존재하고 있다.

자율성만 강조되고 자기 자신을 컨트롤하지 못하면 그저 무례하고 버릇없는 사람으로 비칠 수 있다. 때문에 자신의 행동을 통제하고 사회 규범에 어긋나지 않는 도덕적 옳고 그름을 판단할 수 있어야 한다. 자기조절과 통제가 불가능한 자율성은 의미가 없으며, 또한 자율성에는 비판적 사고와 합리적 선택의 과정이 포함되어야 한다.

일반적인 가정에서 엄마들은 자녀의 진학, 학원, 일상적인 스케줄 등 많은 부분들을 미리 체크하고 챙겨주는데, 이 때문에 자녀의 자율성이 부족해지는 경향이 있다. 거기에 조금은 무관심하거나 강압적인 아빠의 태도는 자녀의 자율성을 더욱 저해한다. 가정에서 자녀의 독립성이나 자율성을 향상시키기 위해서는 아빠의 역할 또한 중요하다. 시간이 없고 바쁘다 하더라도 자녀의 교육과 양육에 관심을 갖고, 자녀를 항상 격려하며 자녀의 의사를 존중해야 한다. 그래야만 자녀는 독립적인 행동을 주도적으로 하고자 하는 동기를 스스로 찾게 되고, 이를 통해 자신의 행동에 책임을 지고자 하는 행동조절 또는 통제 능력을 갖게 되어 자기효능감을 높일 수 있다.[14]

자율성은 다분히 내적동기에 의해서 발현되는 경우가 많다. 때문에 자율성이 충분히 보장된 가정에서 성장한 자녀는 긍정적 정서와 심리적 안정감이 높을 수밖에 없다.

자율성은 아주 작은 것부터 시작한다.

부모가 자녀의 기본 심리적 욕구를 이해하고 지지하는 것이다. 이해하는 마음은 곧 역지사지를 의미하기도 한다. 아마 나도 저 나이 때는 지금 우리 자녀들처럼 그렇게 행동하고 생각했을 것이 분명하다. 이렇게 한 번 정도 나의 과거 모습을 회상해본다면 자녀의 마음을 이해하는 데 도움이 되지 않을까.

이렇게 진심으로 이해하려는 마음의 준비를 하고 자녀에게 선택권을 부여해야 한다. 자녀의 흥미나 관심사를 최대한 반영하며, 그들만의 세대에서 느끼는 감정들과 경험들을 진정으로 존중해줘야 한다. 만약 자녀에게 어려운 문제나 극복해야 할 문제점이 발생한다면 충분한 시간을 준 뒤 스스로 판단하고 결정할 수 있도록 기회를 만들어주어야 한다. 그리고 어려움에서 빠져나올 수 있는 전략은 부모가 함께 고민하면 될 것이다.

부모에게 충분한 자율성을 보장받은 자녀들은 다양한 측면에서 적극성을 보이게 되며, 특히 학습 몰입도에 큰 영향을 준다. 반면 그렇지 않은 자녀들은 학업 스트레스에 빠질 확률이 더 높다. 자율성을 부여하는 것은 부모의 경제적 능력이나 지위와는 큰 상관이 없으며, 양육환경이 더욱 큰 영향을 준다고 한다.[15] 그러므로 부모가 조금만 더 신경 쓰고 자녀에게 좀 더 세심한 관심으로 자율성에 지지를 보내준다면, 자녀는 심리적 안정감과 만족감을 느끼며 가정뿐만 아니라 학교에서도 미래 사회를 대비하는 역량 있는 사람으로 성장할 것이다.

그렇다면, 가정에서 자녀의 자율성을 키울 수 있는 실제적인 사례들에는 어떤 것들이 있을까? 한두 번의 과정으로 이러한 프레임을 만들기란 쉽지 않겠지만 생활 속에서 작은 행동부터 실천한다면 분명 의미 있는 결과가 있을 것이다.

자녀와 함께 놀이동산이나 전시회, 박물관 등을 방문했다고 가정하자. 아이들은 기념품이나 관련된 물품들을 사고 싶어 하는 경우가 많이 있다(특히, 어릴수록 당연한 현상이다). 어른들의 시각으로는 불필요하다고 생각하겠지만, 아이들은 나름 어떠한 이유에서든 소유하고 싶은 욕구가 생긴다. 이런 경우 부모의 경제적 상황을 고려하여 금액을 정해놓고(1~2만 원 사이, 아니면 그 이상이나 이하로 정해도 좋다), 그 범위 안에서 마음에 드는 물건을 고르게 한다. 여기서 주의할 점은 자녀가 어떠한 물건을 고르더라도 어지간하면 그것에 반대 의견을 내지 않는 것이다. 금액을 통제했기 때문에 더 이상의 통제는 자녀의 자율성을 보장하지 못하는 행동이 된다.

가족 여행지를 정할 때, 자녀에게 선택권을 주는 경우도 예로 들 수 있겠다. 여행

일정에 맞춰 대략적인 방문지와 먹을 음식 등을 선정할 기회를 준다. 이러한 과정도 나름 자녀에게는 리더십 측면에서 도움이 되고 다양한 장소와 관련된 역사 등을 탐색할 수 있는 좋은 경험이 될 수 있다.

자녀들이 싫어하는 학원을 결정하는 과정에서도 자녀의 의견을 충분히 들어주면서, 가급적 자녀의 의사를 잘 반영할 수 있도록 하여 결정하는 편이 자녀의 학습 효율적 측면에서 긍정적인 효과를 낼 수 있을 것이다.

자율성 계발을 위한 부모의 역할[16]

부모 역할	세부 내용
자녀의 발달적 특성 이해하기	자율성이 청소년기 발달 욕구임을 이해하기
통제와 허용을 균형 있게 사용하기	지나친 통제나 허용을 삼가기 통제 수준과 허용 수준을 적절하게 조절하기
과잉보호를 삼가기	과잉보호와 과잉간섭 하지 말기
자녀와 심리적 거리 좁히기	부모와 자녀 사이에 안정적인 유대관계 형성하기
민주적인 방식으로 대하기	자녀의 인격과 의견을 존중하는 민주적인 태도로 대하기
책임감 가지기	자율적 행동에 대한 책임감 기르기

#에피소드 1

이제는 대학생이 되어 성인이 된 딸. 사춘기 시절과 학창시절 내내 부모와 갈등 없이 성장해준 딸이 그저 고맙기만 하다. 이제 부모의 손길을 조금 벗어나 더 넓은 세상으로 나아가고 도전할 준비를 할 시기가 되었다.

아빠는 딸이 초중고 시절 스스로 생각하고 결정하며 행동할 수 있는 여건과 자율성을 충분히 제공했다고 생각했다. 아빠의 의도야 어찌 되었건 딸이 느끼는 감정은 어떨까?

"딸, 아빠가 그동안 학창 시절에 너에게 자율성을 충분히 주었다고 생각하는데, 딸은 그 부분에서 어떻게 느끼니?"

딸은 한 치의 망설임도 없이 말했다.

"최상이지."

"그래, 그렇게 생각해주니 참 고맙네. 그럼, 너에게 주어졌던 자율성이 네가 성장하면서 어떤 장점으로 작용했던 것 같아?"

딸은 잠시 고민하는 듯하다가 말을 이어간다.

"두려움이 없었던 거 같아."

"두려움?"

"어. 두려움! 어떠한 일이 되었든, 아니면 학교에서 하는 프로젝트라든가 진로에 대한 고민이나 도전을 시작할 때 특별한 걱정이나 두려움이 없었어. 내가 무엇을 하든 아빠랑 엄마가 언제나 날 지지하고 같이 고민하고 응원해줄 걸 믿고 있었기 때문이지. 고등학교 때 진로 고민은 물론 있었지만, 그래도 지금 내가 꼭 하고 싶었던 전공으로 대학에 갔고, 학교도 너무 즐겁게 다니고 있어. 입시 준비할 때 엄마, 아빠가 도와준 것도 큰 힘이 되었고."

아빠는 딸이 무엇이든 새로운 것들에 도전하고 개척해나가는 모습이 대견하기만 하다. 앞으로도 딸의 몸과 마음에 내재화된 이 문화적 자산은 어른으로 성장하면서 더 큰 자산으로 함께할 것이다.

#에피소드 2

아빠는 한 가지가 더 궁금해졌다.

"그럼, 주변 다른 친구들은 어떤 것 같아? 부모님이 좀 엄하거나 통제가 심한 친구들 말이야."

"그런 친구들의 가장 큰 특징이 거짓말을 한다는 거지."

"거짓말? 왜?"

"부모님께 사실대로 말해봐야 어차피 잘 들어주지도 않고 반대만 하니까 결국에는 싸움만 되기 때문이지. 심한 애들은 부모님에 대한 거부감이 장난 아니야."

"아~ 그래?"

"한 친구도 중학교 때까지는 부모님에게 마음의 가책을 좀 느꼈는데, 고등학교 때는 양심의 가책 따위도 없어. 그 반항이 고3 때 극한의 절정을 이루지. 그리고 부모님뿐만 아니라 가정이라는 물리적 공간 자체를 엄청 증오하고 고등학교만 졸업하면 빨리 독립하고 싶다고 해. 그런 엄마들이랑 아빠들 보면 도대체 애들을 왜 그렇게 키우는지 도무지 이해할 수가 없어."

위의 두 사례에서 볼 수 있듯이 어떤 결과를 만들어낼지에는 부모의 책임이 상당히 크다고 할 수 있다. 혹시나 지금까지 자녀를 통제하고 의견을 무시하는 행동을 하지는 않았는지 되돌아보길 바란다. 특히, 요즘 아이들은 통제적 동기부여 방식을 통해서는 결코 효과적인 동기부여가 될 수 없음을 꼭 기억해야 한다.

06

난 행복하다! 자기유능감이 높기 때문이지!

"난 노래를 잘해."

"난 그림을 잘 그려."

"난 친절해서 다른 사람들을 참 잘 도와줘."

아니면 "다른 건 몰라도 내가 이거 하나는 자신 있지!"처럼 일생을 살아가면서 내 마음속에 스스로를 응원할 수 있는 든든한 믿음이나 남들에게 당당하게 내세울 만한 필살기 같은 것이 있다면 얼마나 좋을까?

자기유능감은 인간이 살아가면서 꼭 필요한 자존감을 유지하며 스스로 자신의 장점이나 능력을 인지하고 평가하는 심리적 요인이다. 이는 유전적 요인으로 발현되는 경우도 많지만, 대부분은 성장하면서 환경적 요인이 더 큰 영향을 준다는 연구가 많다. 특히, 아이가 성장하기 시작하는 유아기에서 초등시절을 지내는 과정 중 환경적 요인은 더욱 중요하다.

자기유능감은 학업, 사회, 신체, 운동, 직업능력, 사랑, 자아 가치 등 아주 다양한 영역에 영향을 주기 때문에 한번 형성된 자기유능감은 쉽게 깨지지 않는다. 다만, 어린 시절 자기유능감이 잘 형성되지 않았다면 상대적으로 자존감이나 자신감이 결여될 수밖에 없다.

어린 시절 유능감은 가정에서 시작되므로 부모의 역할이 절대적일 수밖에 없다. 부모에게서 의미 있는 칭찬과 인정을 받고 어떤 문제 상황에서 성공을 경험하거나 높은 성과를 이루어냈을 때의 성취감 등은 모두 자기효능감의 원천으로 자리 잡는다.

자녀의 어린 시절을 한번 되돌아 생각해보도록 하자.

어린이집과 유치원을 다닐 때 자녀의 모습은 어떠했는가? 아마도 세상 누구보다도 자기유능감이 높았을 것이다. 이 시기에 유능감이 높은 건 아주 당연한 현상이다.

그 이유로는 첫 번째, 자기지각에 대한 정확한 판단력이 부족하기 때문이다. 즉, 실제 자신의 능력과 본인이 지각한 능력의 정도를 잘 연관시키지 못한다. 또한, 다른 아이들과 비교할 관점이 부족하거나 미숙한 인지발달로 누군가에게서 정형화된 평가를 받지 않는다.

두 번째는, 어린아이들은 대체적으로 모든 현상이나 자기지각에 낙관적인 성향을 보이기 때문이다. 아이들은 아직 인지발달이 미숙하고 부모의 절대적인 보호 아래 있으므로 어려움이 없고 모든 세상이 아름답게만 보인다.

하지만, 이렇게 유능감이 높고 충만하던 아이도 초등학교 5학년 정도를 시작으로 6학년에서 중학교 1학년 시기에 자신이 지각하는 유능감이 급속도로 떨어진다. 이는 우리가 느끼는 심증뿐만이 아니라 실제 연구 사례에서도 나타나는데, 중등 초기 시절이 가장 유능감이 떨어지는 시기라고 말하고 있다.[17] 결국, 중·고등학교를 거치면서 "난 잘하는 게 없어"라고 자책하게 된다.

이러한 변화에는 이유가 있기 마련이다. 변화의 관점을 내적인 요소와 외적인 요소에서 살펴보도록 하겠다.

첫 번째, 내적인 요인의 관점에 본다면 자기 자신을 객관적으로 조심스럽게 평가하기 때문이다. 청소년기에 아이들은 서서히 자신만의 객관적 기준과 준거를 갖기 시작한다. 고학년 아이들은 성장하면서 사회적 비교와 관련된 정보를 해석하는 데 더 능숙해진다. 그리고 친구들과 비교했을 때, 자신이 어떤 과업에 투자한 시간의 양을 고려하기 때문에[18] 투자에 비해 결과가 빈약하다면 유능감이 떨어지는 경우도 발생한다.

두 번째, 외적인 요소로 비교 대상과 평가 방법이 달라졌다는 것이다. 유치원 시절에는 특별한 비교의 대상이나 평가가 없다. 초등시절에는 기껏 비교를 한다고 해봐야 같은 반 수준에서 머무는데, 중등은 비교의 수준이 전교생으로 확대되고 고등학교에서는 전국 모의고사와 같은 국가 단위로 비교가 되면서 유능감이 점점 더 떨어진다.

그리고 평가 방법도 절대 평가가 아닌 상대 평가가 많아지면서 친구들과의 비교의 수준은 더욱 높아지고 고착화되어간다.

　가정에서 우리 자녀들의 유능감은 어떠한가? 앞서 언급한 다양한 이유로 아이들은 유능감이 떨어지게 마련인데, 그렇다면 그 유능감을 가정에서라도 인정해주고 강화해주어야 하지 않을까.

　무엇보다 자녀와의 상호작용을 강조하고 싶다. 자녀들이 어릴 때 존댓말을 써가면서 서로 눈을 마주치며 칭찬하고 공감하던 부모의 모습은 점점 사라지게 된다. 또 그만큼 자녀가 성장함에 따라 자녀와 나누는 대화는 점점 줄어들게 되고, 기회를 잡아 대화를 시도하려고 해도 어색하기 짝이 없다.

　자녀와의 상호작용에서 나의 모습은 어떠한지 몇 가지만이라도 체크해보도록 하자.

- 자녀와의 약속은 잘 지켰는가.
- 다른 아이와 비교하진 않았는가.
- '별다른 문제가 없어 보이니 괜찮겠지' 하며 가볍게 넘기지는 않았는가.
- 다정한 언어로 격려와 칭찬을 얼마나 자주 하는가.
- 일과와 오늘 일어난 특별한 일에 관심을 가졌는가.
- 자녀의 관심사에 함께 관심을 가져주었는가.
- 학업에 지친 자녀를 위해 충분한 휴식과 리셋의 시간을 주었는가.

　가정에서 인정받지 못하고 자기유능감이 부족한 자녀가 어떻게 학교와 사회생활에서 자기유능감이 높길 바라겠는가? 부모가 자신의 이야기와 태도에 수용적이고 관심과 공감을 보인다고 느낄 때 자녀의 자기효능감은 더욱 높아진다. 상대적으로 부모의 반응이 부정적이거나 공감하는 태도가 부족할 경우 자녀의 자기효능감을 지각하는 정도는 현저히 떨어지게 된다.

사람들은 마음먹기에 따라 결과가 달라진다고 이야기한다. 고등학생을 대상으로 한 수년간의 종단연구는 재미있는 시사점을 준다.

실제 자신의 능력보다 자신의 유능성을 과대평가하는 학생들이 있다. 이런 현상을 일명 유능성 환상이라고 부른다. 이렇게 과장되게 자기인식이 된 학생들은 결과적으로 어떠한 과업 수행에서 긍정적인 결과를 나타낸다고 한다. 하지만 반대로, 실제 능력이 좋은 편이지만 자신이 인지하는 능력은 부족하다고 느끼는 무능력 환상을 가진 아이들은 상대적으로 낮은 수행 결과를 보인다.

이 무능력 환상에 빠진 아이들은 실제 수행 성취도에서는 상위 25%에 속하지만, 스스로 지각하는 유능감이 낮기 때문에 도전 의식도 함께 낮아진다. 이뿐만 아니라 부모나 교사 역시 그들이 보유하고 있는 실제 능력을 온전히 인식하지 못하고 낮게 평가한다고 한다.

따라서, 자기유능감은 현재보다 미래 과제 수행에서 성취도에 영향을 미치는 동기 중 아주 중요한 요소이다.[19]

모든 사람들은 분명 자신만의 장점을 가지고 있다. 다만, 그 장점을 자신이 지각하지 못하기 때문에 자신은 능력이 없고 잘하는 것이 없다고 생각하는 것이다.

부모의 역할은 자녀의 장점을 눈여겨보면서 그 장점을 항상 확인시켜주고 발전시켜 자녀가 무능력 환상에 빠지지 않도록 주의를 기울이는 것이다.

자녀가 어릴 때는(초등 저학년까지) 포괄적인 표현으로 '참 잘했어요', '아주 좋아요'라고 말하더라도 아이들은 그 의미를 순수하게 받아들이고 자신의 능력치가 훌륭하다고 믿는다. 하지만 고학년이 되면서 그런 식의 표현은 더 이상 잘 받아들여지지 않는다.

자녀가 고학년이라면 격려와 칭찬의 말에도 좀 더 디테일이 필요하다. 명확하게 어느 부분과 어떤 영역에서 우수하고 역량이 높은지 정확하게 얘기해주는 것이 좋다.

> "넌 기억력이 좋아서 한번 들은 내용은 잘 안 잊어버리는 것 같아. 그래서 암기과목에서 점수를 잘 낼 수 있을 거야."
>
> "넌 손재주가 좋아서 뭔가를 만드는 걸 참 잘하는 거 같아. 그런 기술적인 분야를 공부해보는 것도 좋겠다."

이렇게 명확하게 어떤 부분이 우수한지를 표현해주고 가급적 장점을 먼저 이야기해주며, 단점에 대한 지적은 최소화하도록 하자. 혹시나 단점을 이야기해야 한다면 개선해야 할 부분도 명확히 표현하고 그 개선을 통해 자녀가 어떤 모습으로 향상될 수 있을지 그 비전을 제시해야 한다.

07

어포던스(Affordance)를 유지하라!
그것이 핵심이다!

'맹모삼천지교.'

요즘에도 이런 표현을 사용하는지는 잘 모르겠지만, 과거 자녀 교육을 위한 환경의 중요성을 나타내기에는 아마도 이만한 표현이 없었을 것이다.

'어포던스'는 1977년 미국의 생태심리학자 깁슨(Gibson)이 처음 제시한 개념으로 '어떤 행위나 행동을 유도한다'는 의미를 갖고 있다.

아마도 맹자의 어머니는 이런 이론이 제시되기도 전에 자녀 교육에서 환경이 얼마나 중요한지 직관적으로 알고 있었던 모양이다.

'어포던스'라는 말을 다시 정리하면, '나 자신은 언제나 어떠한 환경 속(가정이나 학교, 주변 사물들)에 속해 있다. 그리고 그 환경은 나의 행동이 어떤 형태로든 유발되도록 제시되어 있으며, 그 상황 속에서 환경과 상호작용을 지속적으로 하고 있다'는 것이다.

코로나 시대로 예를 들어 학교에서 아이들의 거리두기 간격을 2m로 정했다고 한다면, 말로만 표현해서는 그게 잘 지켜지지 않는다. 이럴 때, 바닥에 2m 간격으로 줄을 만들어주면 아마도 간격을 유지하는 행동을 유발하기가 더 쉬워질 것이다. 거리에 있는 차선이나 이정표도 모두 어떠한 일정한 행동을 유발하기 위한 환경이다.

박물관을 예로 든다면, 보통 대형 박물관들에는 별도의 어린이 박물관이 존재한다. 성인이 관람하는 박물관과의 차이점으로는 아이들 키를 고려한 낮은 전시물, 오감을 활용할 수 있는 관람 요소, 계단보다는 경사로를 이용한 이동 통로 등 아이들의 안전한 관람과 편의를 제공하기 위한 행동유발성 공간으로 구성되어 있다는 점을 들 수 있다.

출입문을 생각해보자. 그림 ①처럼 손잡이가 있고 'Push'라는 글자가 쓰여 있는 문이 있다고 하자. 아무리 'Push'라는 글자가 있더라도 누군가는 분명 문을 잡아당길 것이다. 그림 ②는 반대로 손잡이도 없고 'Push'라는 글자도 없다. 하지만 이렇게 생긴 문이라면 아무도 잡아당기지 않을 것이다. 환경의 변화가 사람으로 하여금 자연스럽게 문을 밀어서 열도록 행동을 유발하는 것이다.

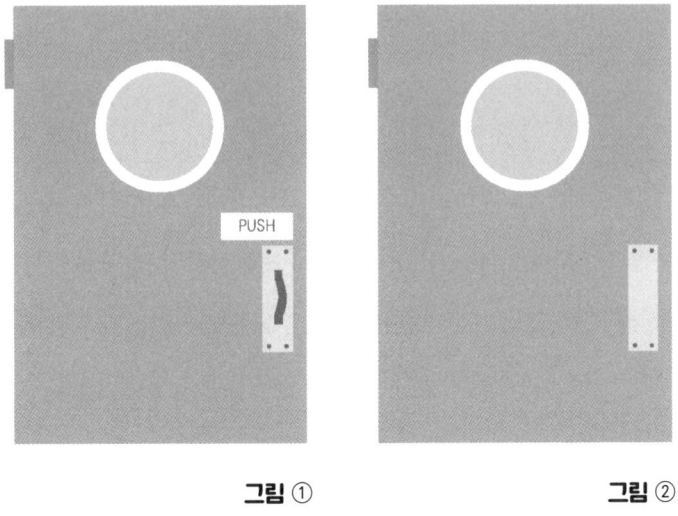

그림 ①　　　　　　　　　그림 ②

　다시 맹자의 이야기로 돌아오자. 맹자의 어머니가 처음 이사를 간 곳은 장례식장 근처였는데 거기서 맹자는 곡소리를 흉내 냈고, 시장 근처로 이사를 가서는 상인 흉내를 냈다는 일화이다. 이를 통해 인간은 어느 정도 환경에 분명 영향을 받는다는 것을 가정할 수 있다.

　따라서, 자녀가 특별히 관심이 있는 분야가 있거나 만약 부모가 원하는 방향이 있다면 환경을 먼저 바꿔주어야 한다고 생각한다. 이 환경에는 물리적 환경뿐만 아니라 정서적 환경도 포함되어야 한다.

　자녀의 학습 분야 성장을 원한다면 자녀의 행동유발을 이끌어낼 수 있는 환경이 필요할 것이다. TV를 없애버리거나 하는 환경을 말하는 것이 아니다. 부모가 먼저 학습적 태도를 보이는 환경을 설계하는 것이다. 아이들은 가정환경과 부모와 삼각을 이루면서 꾸준히 상호작용을 하고 있다.

　부모가 먼저 책을 읽고 아이 수준에 맞는 책을 추천하며, 스스로를 위해 자기계발을 하는 모습 등 무언가를 배우려는 태도를 보여주는 것은 자녀에게 또 다른 동기부여로 작용할 것이 분명하다.

　이 행동유발성은 공부가 아닌 다른 분야에도 충분히 적용할 수 있다. 만약 자녀가 컴퓨터를 좋아한다면, 관련한 코딩 교육이나 컴퓨터를 특화해서 활용하는 프로그램을 구입해서 스스로 연구할 수 있는 환경을 만들어줘도 좋을 것이다.

　가정에서 휴식을 취할 때도 휴식에 맞는 적합한 환경이 필요하다. 우울하고 부부싸움이 잦은 가정환경은 아무래도 자녀들이 마음 놓고 편하게 휴식을 취할 수 있는 환경이 아니다. 좋은 환경에서는 아이들의 좋은 생각과 행동이 발현되고 나쁜 환경에서는 나쁜 행동이라는 결과로 귀결될 것이다.

　학교나 다른 환경들을 개인이 통제하거나 개선하기는 쉽지 않지만, 가정환경은 부모의 의지에 따라서 얼마든지 개선할 수 있다. 어떤 환경이 자녀의 긍정적인 행동을 유발할지 충분히 고민하기 바란다.

　필자는 아이들이 어릴 때부터 대형 서점에 자주 데리고 다녔다. 예전 같지는 않지만 그 습관은 중학생이 되어서도 남아 있어 주말 저녁이면 종종 서점에 함께 놀러 가곤 한다. 집에도 책은 차고 넘치지만, 서점은 일종의 외식이라고나 할까. 특별히 무언가 구입하지 않더라도 아이들은 서점이라는 환경 속에서 자유롭게 여러 가지 책들을 들춰 보며 최근 사회적·문화적 이슈들을 자연스럽게 접한다. 아이들이 어릴 때에는 만화책이나 문구, 완구 등에 관심이 많지만 고학년으로 성장하면서 문제집, 일반 서적, 전자제품 등으로 관심사가 바뀐다. 관심을 보이는 책이나 전자제품이 있다면 자연스럽게 소소한 논의가 이루어지기도 한다. 이는 아이들이 어떤 분야에 관심이 있는지 알 수 있는 계기가 된다.

이 행동유발성은 자녀의 역할보다는 부모의 역할이 상당이 크다고 할 수 있다. 그렇기 때문에, 자녀의 요구를 충분히 고려하여 자녀의 행동이 예견하는 방향으로 진행되도록 부모들이 노력하기를 바란다.

1) DiMaggio, P.(1982). Cultural capital and school success: The impact of status culture participation on the grades of U.S. high school students. American sociological review, 47(2), 189-201.

2) Prutt, K. D. (2000). Why father care is a essential as mother care for your child. New York: The Free Press.

3) Csikszentmihalyi, M. (2000). Beyond Boredom and Anxiety. San Francisco: Jossey-Bass Publishers.

4) Hu, S., & Kuh, G. D. (2002). Being (dis)engaged in educationally purposeful activities: The influences of student and institutional characteristics. Research in Higher Education, 43(5), 555-575.

5) Marks, H. M. (2000). Student engagement in instructional activity: Patterns in the elementary, middle, and high school years. American Educational Research Journal, 37(1), 153-184.

6) Csikszentmihalyi, M. (1990). Flow: The psychology of optimal experience. New York: Harper Perennial.

7) 석임복(2008). 학습 몰입의 성격 분석 연구-학습 동기, 학업성취도 및 Csikszentmihalyi의 몰입 모델 중심으로. 교육공학연구, 24(1), 187-212.

8) 김소영(2007). 구성주의 학습 환경에 적합한 평가전략: 참평가와 즉각적 피드백. 교육공학연구, 23(4), 31-53.

9) Csikszentmihalyi M., Robinson R., <The Art of Seeing: An Interpretation of the Aesthetic Encounter>, Getty Publications, 1990.

10) Deci, E. L., & Ryan, R. M. (2000). The 'what' and 'why' of goal pursuits: Human needs and the self-determination of behavior. Psychology Inquiry, 11(4), 227-268.

11) 김민지, 이수영(2021). 초등학생이 지각한 부모와 교사의 자율성 지지, 자기결정성 동기, 자기조절학습의 구조적 관계. 초등교육연구, 34(4), 175-196.

12) Raffini, J. P. (1996). Ways to increase intrinsic motivation in the classroom.Boston: Allyn and Bacon.

13) 기채영, 홍경자(2008). 아동용 자기격려척도 개발과 타당화. 한국놀이치료학회지(놀이치료연구), 11(2), 49-69.

14) 김고은, 조남억(2017). 아버지의 양육 태도가 중학생 자녀의 자기효능감에 미치는 영향: 자기결정성 동기와 행동 조절 능력의 매개효과. 청소년학연구, 24(7), 191-213.

15) 김희연, 조규판(2021). 고등학생이 지각한 부모 및 교사의 자율성 지지와 학습몰입 간의 관계에서 학업정서의 매개효과. 청소년학연구, 28(10), 347-368.

16) 한정란, 이성호, 강승혜, 김미옥, 김은정, 김혜수, 박정화(2005). 청소년의 자율성과 창의성 계발을 위한 부모교육 방안 연구. 한국청소년정책연구원 연구보고서, 1-171.

17) Eccles, J., Wigfield, A., Harold, R. D., & Blumenfeld, P. (1993). Age and gender differences in children's self-and task perceptions during elementary school. Child development, 64(3), 830-847.

18) 데보라 스티펙, <학습 동기>, 학지사, 2007.

19) Dale H. Schunk 외, <학습 동기>, 학지사, 2014.

제4장

정서적 자본

01

정서적 자본(Emotional Capital)

정서적 자본은 스스로를 이해하고 자신이 내리는 선택을 성찰할 수 있는 능력을 말한다. 또한, 용기 있는 행동을 하고자 할 때 중요한 감정적 회복력과 의연함을 기르는 능력을 말하기도 한다. 가장 중요하게는 행복한 인생이 무엇인지, 자신의 가치관과 일 사이에서 조화를 이루려면 어떻게 살아야 하는지를 이해하고 거기에 맞는 선택을 하는 능력을 뜻한다.[1]

정서적 자본이야말로 가정에서 성취할 수 있는 가장 근본이 되는 상속자본일 것이다. 정서는 어떤 선행 사건의 개인적인 의미에 대한 개인의 평가에서 시작된다. 결과적으로 긍정적인 정서는 입력 또는 선행 조건이 중요하다. 그런 점에서 본다면 긍정적 가정환경은 긍정적 정서의 결과로 도출되어 원만한 정서적 자본으로 자리 잡는다.

학교에서, 학원에서, 교우관계 속에서 상처 받고 고단한 마음을 회복시켜주는 장소는 가정이어야 한다. 긍정적 정서가 가득한 가정환경에서 자극을 받고 자란 아이들은 외부 자극에 강인함을 보여준다. 때문에, 가정은 역경이나 고난을 이겨내는 긍정적인 힘을 충전하는 회복탄력성(Resilience)의 화수분이 되어야 한다.

"너 그럴 줄 알았다."

"너는 어째 만날 그 모양이냐."

"도대체 뭐가 되려고 그래."

오늘 누군가 무심히 이런 말을 자녀에게 했다면 이는 충전이 아닌 자녀의 정신세계를 방전시키는 말이 될 것이다. 정서는 단순히 내재된 다양한 감정들이 밖으로 표현되는 것에서 끝나는 것이 아니라 지능에도 영향을 끼친다. 긍정적 정서는 주의와 인지를 넓히고 확장하기 때문에 학업 성취도의 증가를 촉진한다. 반면에 부정적인 감성은 아이들의 학업 성취도나 수행에 부정적인 결과를 초래할 수 있다.[2]

부모와 자녀 관계는 그 누구도 대체하기 어려운 고유한 영역이다. 부모 역시도 자신들의 부모들과 정서적 교감을 통해 부모와 자녀 역할을 유지하고 학습하며 자라왔다. 한번 형성된 정서적 교감의 경험치는 특별한 경험이 없는 한 자신의 방법대로 자녀에게 전수될 가능성이 상당히 높기 때문에, 아동과 청소년 시기 자녀와의 정서적 교감은 더욱 중요하다고 할 수 있다.[3]

02

아빠의 정서적 자본

부모의 양육에서 아빠와 자녀의 정서적 교감이나 상호작용은 점점 더 중요해지고 있다. 아빠의 정서적이고 수용적인 양육 태도는 자기위로능력, 공감능력, 분노조절 능력 같은 정서적 영역에 긍정적인 영향을 끼친다.4) 이러한 결과는 결국 자녀가 성인으로 성장하는 과정에서 친사회적 행동과 긍정적인 사회적 관계 형성에 도움을 준다.

또한, 가정에서 아빠와 정서적 교감이 잘 이루어진 자녀는 타인에 대한 배려를 습득하게 되고, 이것은 자녀의 사회적 발달을 촉진하며 전체 가족의 발달에 긍정적인 영향을 주기도 한다.5)

자녀의 공감능력과 타인에 대한 감정이입이라는 정서적 자본을 전수하기 위해서 아빠들이 실행해야 할 선행 조건을 몇 가지 예로 생각해보도록 하자.

첫 번째, 정서 인식과 표현: 자신과 타인이 느끼는 정서 상태를 알아차리고 상황에 맞게 타인이 이해할 수 있도록 자신의 감정 표현하기.

두 번째, 감정이입: 타인의 정서를 이해하고 타인이 느끼는 감정이나 기분을 자신의 것처럼 느끼기.

세 번째, 정서의 사고 촉진: 정서를 사용하여 문제를 해결하는 과정에 활용하기.

네 번째, 정서 활용: 복잡하고 다양한 정서에 대한 이해 능력을 토대로 과제 수행이나 문제 해결을 위해 감정이나 기분 활용하기.

다섯 번째, 정서 조절: 자신의 부정적인 감정을 긍정적인 상태로 변화시키고 유지하기.[6]

아빠가 먼저 위와 같은 예를 연습하고 훈련한다면 이런 가정 내 문화는 자연스럽게 전수되어 자녀의 공감능력, 감정이입 등을 포함한 전반적인 정서적 능력이 높아질 것이다.

03

우리 집은 회복탄력성(Resilience) 충전소

　사회생활을 하다 보면 사람들은 과도한 업무와 대인관계 안에서 많은 스트레스와 무기력을 느끼고 심지어는 깊은 상처를 받기도 한다. 그리고 그 상처가 아무는 데 많은 시간이 걸리는 경우도 있다. 이는 나이가 많고 적음을 떠나 인간이라면 누구나 겪게 되는 어쩔 수 없는 과정인 것 같다.

　우리 아이들도 학교라는 작은 사회 속에서 크고 작은 상처들을 받고 있다. 시험에 떨어졌을 때, 자신이 목표한 바를 위해 열심히 노력하거나 도전했지만 결과가 원하는 만큼 나오지 않았을 때 아이들은 큰 좌절을 느끼게 된다. 때로는 불우한 가정환경으로 인해 어려움을 겪기도 한다.

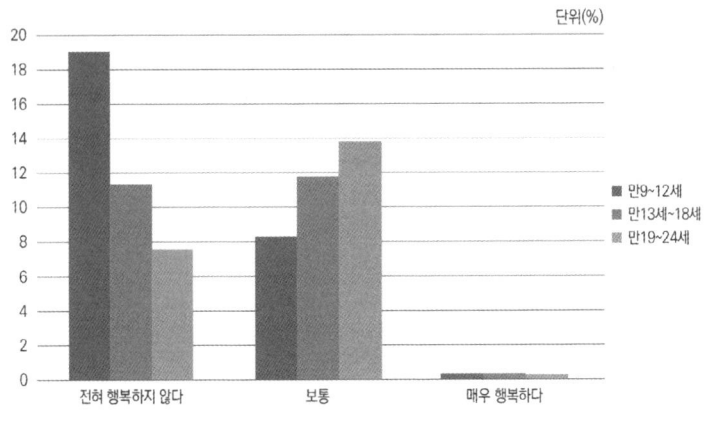

청소년의 우울 정도

7)

출처 : 통계청

위 그래프는 통계청이 약 7,100명의 청소년을 대상으로 우울 정도를 나타낸 표이다. 연령별로 '전혀 행복하지 않다'라는 영역에서는 어린 청소년들이 약 19%로 가장 높았으나 반면에 '매우 행복하다'라는 영역은 모든 연령대에서 0.1%의 비율을 보이고 있다. 전체적인 그래프를 해석해보면 모든 연령대에서 20% 이상의 청소년이 우울감을 느낀다는 것을 알 수 있다. 우울감에 빠지는 이유는 매우 다양하겠지만, 가장 행복하고 즐거워야 할 시기에 단순한 고민이 아닌 우울감을 느낀다는 것은 참 안타까운 일이다.

아이들이 이러한 좌절과 절망에 빠졌을 때 얼마나 빨리 그 상처 받은 감정을 추스르고 회복하느냐는 무척 중요한 부분이다. 회복탄력성은 역경이나 어려움을 극복하고 역경의 이전 상태로 다시 돌아가는 정신적 회복 능력을 의미한다.

사람이 외적 상처를 입었다면 당연히 병원에서 치료를 받아야 하듯이, 마음의 상처를 입었을 때 스스로 극복이 어렵다면 누군가에게 위로와 치유를 받아야 한다. 그리고 그것을 위한 최적의 장소는 바로 가정이 되어야 한다.

회복탄력성 초기 연구

회복탄력성에 대한 연구는 다양한 측면에서 시도되고 있지만 김주환[8]이 그의 저서에서 소개한 '하와이 카우아이섬에서 태어난 신생아 833명을 대상으로 한 종단연구'가 회복탄력성에 대한 최초의 연구가 아닐까 싶다.

1955년 심리학자, 정신과 의사, 사회복지사 등 다양한 분야의 전문가들이 모여 카우아이섬에서 태어난 신생아들을 대상으로 이들이 성인으로 성장하기까지에 걸쳐 회복탄력성에 대해 연구했다. 그 당시 카우아이섬 주민들은 대부분 이주민이나 외국 노동자 등 하층민에 노동자 출신으로, 한 인간이 겪을 수 있는 모든 불행을 겪어도 이상하지 않을 만큼 불우했다고 한다. 이 아이들 대부분이 학창 시절을 거치면서 비행을 저지르거나 소년원을 드나들기 일쑤였지만, 72명은 올바르게 성장했고 특히 몇 명의 아이들은 남들이 부러워할 만큼 훌륭하게 성장을 했다. 주도적 연구자였던 워너(Werner)[9]는 한 가지 결론을 도출하게 되는데, 이 72명의 아이들은 주변 환경과 가정환경이 아무리 불우하고 비극적이어도 그 역경을 이겨내고 극복하려는 강인한 힘이 있었다는 것이다. 그게 바로 회복탄력성이다.

이후, 아동을 대상으로 진행된 또 다른 연구로는 가르메지(Garmezy)[10] 연구를 예로 들 수 있다. 그는 조현병을 앓는 부모의 자녀들에 대한 연구를 시작했다. 부모의 병으로 인해 불우한 가정환경 속에서 성장해야만 했던 아이들은 고통과 좌절을 경험하고 그 환경에 매몰되어 헤어 나오지 못하는 경우가 상당히 많았다. 연구자는 이 아이들을 위해 자신의 환경을 인정하고 성장해 나아갈 수 있는 관점과 지향점을 제시하면서, 다시 한 번 회복탄력성의 중요성을 언급했다.

이렇게 많은 회복탄력성 연구들이 아동이나 청소년을 대상으로 진행되었고, 부정적인 가정환경과 여러 가지 요인으로 인해 부모의 정성스러운 양육을 받지 못하는 아이들의 극복과 성장에 초점이 맞춰져 있었다. 이러한 상황을 보더라도 아동, 청소년 시기의 회복탄력성은 전 생애에 있어서 가장 충실하게 익혀야 할 마음속 근력이라고 할 수 있겠다.

많은 연구자들은 이 회복탄력성의 구성요인을 다양한 측면에서 구분하지만, 크게 내적인 요인과 외적인 요인으로 구분하면 다음 표와 같다.

청소년 회복탄력성 구성요인[11]

내적인 요인	외적인 요인
지적 차원 - 자기효능감 - 문제 해결	학교 차원 - 돌봄의 관계와 기대 - 학교에서의 의미 있는 상호작용
정서적 차원 - 감정과 충동 조절 - 공감과 수용	가정 차원 - 돌봄의 관계와 기대 - 가정에서의 의미 있는 상호작용 - 가족의 건강성
의지적 차원 - 목표와 희망 - 낙관주의	또래 차원 - 긍정적 상호작용 - 또래의 친사회적 기대

우리 아이들이 좌절과 절망에 빠졌을 때 위의 표에서 제시하는 것처럼 다양한 요소에서 회복탄력성을 발휘할 수 있다. 내적인 요인 중 정서적 차원은 감정과 충동 조절, 공감과 수용을 하위요소로 두고 있다.

첫 번째, '감정과 충동 조절'은 부정적인 경험이나 심리적 상처를 받았을 때 이를 극복하는 능력을 말한다. 회복탄력성이 좋은 사람들은 적절한 자신만의 정서 표현과 통제력을 통해 자신의 충동이나 감정을 조절할 수 있다.

두 번째, '공감과 수용'은 다른 사람들의 감정이나 생각을 깊이 이해하고 공감하는 자세를 말한다. 다른 사람과 상호작용을 하는 과정에서 타인의 심리적·정서적 상태에 대한 지각과 이해, 포용의 과정을 포함한다.

외적인 요인 중 가정의 하위요인인 돌봄의 관계와 기대, 가정에서의 의미 있는 상호작용, 가족의 건강성은 전적으로 부모의 몫이 가장 크다고 할 수 있다.

가정은 아이들에게 당연히 보호요인이 되어야 하지만, 주변을 살펴보면 오히려 가정이 위험요인이 되는 경우가 존재한다. 가정에서 폭력이나 폭언이 있어야만 그런 것이 아니라 무관심, 학습적 압박, 지나친 목표 설정, 지나친 간섭 등이 다양한 측면에서 위험요소로 작용할 수 있다.

부모의 격려와 경제적·정신적 지원, 화목한 부부 관계, 자녀를 비난하지 않으며 자녀의 장점을 인정하고 부각시키는 태도 등은 가정에 경제적인 어려움이나 실패 등의 장애요인이 있더라도 우리 아이들의 회복탄력성이라는 정신적 근육을 더욱 단단하게 만들어줄 것이다.

그리고 의미 있는 상호작용은 가족 간의 대화는 물론, 가정 내에서 결정하는 다양한 의사결정에 자녀를 참여시키고 의견을 개진할 수 있는 상호작용을 의미한다.

가정은 자녀의 지친 마음과 정신을 회복시키고 다시 한 번 도전할 수 있는 마음을 갖게 하는 충전소가 되어야 한다. 부모의 말 한마디가 자녀에게는 충전이 될 수도 있고 방전이 될 수도 있다는 것을 잘 기억하도록 하자.

04

자녀를 존중한다면 촉진적 의사소통부터

최근 들어 소통은 우리 사회에서 중요한 화두로 떠올랐다. 상하 관계가 명확한 회사에서도 소통을 강조하고, 학교에서도 교사와 학생 간의 소통을 통한 민주적 의사결정을 중요시한다. 예를 들면 학생들을 학교운영위원회에 참여시켜 자유로운 의사표현을 할 수 있도록 하고, 매년 새롭게 선출되는 학생회의 공약사항을 이행하기 위해 행정실장과 학생회장단이 예산 편성을 두고 소통하기도 한다. 학교에서 이루어지는 대부분의 행사가 학생들의 요구를 반영하여 진행되는 현상은 이제 더 이상 낯선 모습이 아니다.

다양한 사회 분야에서 소통을 강조하고 있을 때, 가정에서는 자녀들과 얼마나 많은 소통을 하고 있었는지 생각해볼 필요가 있다. 아마도 많은 가정에서 가정 밖에서보다 소통과 대화가 적다는 것을 인지하고 있을 것이다. 특히, 중·고등학교에 다니는 자녀들과의 대화는 더욱 어렵기만 하다. 얼굴 보며 대화 한마디 하기도 어려운데, 소통이라니! 이건 정말 어려운 과제를 맞닥뜨린 느낌이다. 그럼에도 불구하고 부모는 자녀와의 대화와 소통을 지속적으로 시도해야만 한다.

부모와 자녀의 의사소통 방법에도 여러 가지가 있지만, 자녀의 정서적 자본을 높이기 위한 부모의 역할 중 한 가지는 촉진적 의사소통이다. 이는 자녀에게 공감하고 자녀를 이해하며 대화하는 것이다. 자녀의 어려움이나 기쁨, 관심사 등을 본인이 직접 경험하고 느끼는 것처럼 대화하며 자녀의 성장을 촉진하는 대화 방법으로, 최대한 부모 자신의 개념은 개입시키지 말아야 한다.

그리고 자녀를 진정으로 존중하고 배려하는 태도가 필요하다. 부모가 자녀를 부모의 소유물이 아닌 독립된 온전한 인격체로 인정하면 자녀는 스스로 자신의 감정을 정확히 인지하고 주체적으로 자신의 경험을 통해 그 과정에서 의미를 찾아낼 수 있다.

자녀와의 촉진적 의사소통을 위해 부모들이 생각해야 하는 세 가지는 다음과 같다.

첫 번째, 자녀와 진정한 공감을 이루도록 하자.

공감은 누군가의 감정이나 생각을 단순히 이해하는 것을 뛰어넘어 상대방의 감정에 완벽히 이입되어 상대방과 비슷한 감정을 느끼는 심리이다. 상대방은 자신이 이해받고 있다는 감정을 느꼈을 때 진정으로 자신의 속마음을 털어놓고 비로소 진정한 대화를 시작한다.

사실 부모들은 자녀들의 생각이나 행동에 공감한다고 말하고 있지만, 아마도 자녀들은 그렇게 생각하지 않을 수 있다. 촉진적 대화에서 중요한 점 한 가지는 부모의 개념이나 주장을 최소화해야 한다는 것이다. 자녀의 말이나 생각과 행동들을 자녀의 내적 감정을 기준으로 이해하기 위해 노력해야 한다. 이런 감정이입이 선행되어야만 드디어 소통이 시작된다고 할 수 있다. 그리고 대화를 진행하는 과정에서도 자녀의 마음에 공감하고 있다는 것을 표현하는 것이 좋다.

이렇게 공감을 기반으로 하는 소통은 자녀가 자신의 고민이나 감정들을 스스로 정리하고 탐색할 수 있게 하는 계기를 마련한다는 장점이 있다.

두 번째, 자녀를 존중하자.

자녀를 온전한 한 인격체로 존중해야 하는 것은 너무나도 당연하다. 나의 소중한 자녀를 어찌 존중하지 않을 수가 있겠는가.

소통 측면에서 존중이란 자녀를 섣불리 판단하지 말라는 의미이다. 부모들은 간혹 대화를 하기도 전에 미리 자녀의 감정이나 행동을 평가하고 결과를 판단한 후 대화를 시작하는 경향이 있다.

"○○ 때문에 그런 거 아니야?"

"엄마, 아빠가 시키는 대로만 하면 돼."

소통에서 선입견은 자녀를 인격적으로 존중하지 않는 태도이다. 부모는 일관된 태도로 자녀와의 대화에 임하도록 하며, 자녀의 감정, 생각, 행동 등을 충분히 받아들이고, 상호 존중의 대화 과정에서 자신을 재발견할 수 있도록 하자.

세 번째, 부모와 자녀 간의 일치성을 높이자.

대화를 통해 부모와 자녀가 일치를 이루는 것은 무척 중요하다. 중요한 결정을 내려야 하는 대화에서는 더더욱 그러하다. 부모는 자녀와 나누는 대화에서 느낀 긍정적·부정적 감정들을 솔직하게 표현할 수 있어야 한다. 만약, 부모가 자녀의 대화속에서 많은 부분 부정적 감정들을 느꼈다면 다시 한 번 자녀에게 충분히 설명하고 표현해야 한다. 이 설명 과정에서도 자녀에게 협조적이며 건설적인 자세로 표현해야 한다. 이렇게 긍정적인 감정이든 부정적인 감정이든 솔직한 대화만이 서로의 일치성을 높인다.

또한, 부모는 과거 자신의 경험을 토대로 인식과 표현이 일치되어야 한다. 이러한 일치성은 자녀와의 긍정적인 대화와 소통을 촉진할 수 있다.

05

미래시대 리더의 조건,
'공감능력'과 '정서지능'

    예전에 살았던 동네에 한 이비인후과 병원이 있었다. 그 이비인후과는 다른 병원에 비해 유독 손님이 많았다. 남녀노소 가릴 것 없이 항상 붐비고, 기본 한 시간은 대기해야 하는 그런 곳이다. 그렇다고 해서 그 병원의 진료 방법이 다른 병원에 비해 대단히 특별하거나 색달라 보이진 않았다(필자의 관점에서 그렇다는 것이다).

    재미있는 점이 있었다. 연세가 조금 있는 아주머니들이 대기하는 동안 주변 손님들에게 자발적으로 병원 광고를 한다는 점이었다.

    "여기 원장님이 이 동네에서 제일 잘 봐요."

    누가 시키지도 않았는데 신기한 일이다.

도대체 왜일까? 나는 호기심에 그 병원에 갈 때마다 원장님의 진료를 자세히 관찰하곤 했다. 그리고 그 원장님이 환자들의 아픔과 어려움을 진심으로 걱정하고 놀랍도록 공감하고 있음을 알 수 있었다. 진료 모습은 대충 이렇다.

"자. 아~ 해보세요. 아이고, 목이 많이 부었네. 아우, 얼마나 아프고 힘들었을까."

"약 바르면 좀 따가워요. 옳지, 옳지~ 잘 참으시네. 침 한번 꼴깍 삼키시고."

"좀 더 봐드릴 곳은 없으시고?"

글로 모두 표현하기 어렵지만, 이런 말들을 그저 형식적으로 한두 번 하는 것이 아니라 모든 환자들에게 그 상황에 맞게 피드백을 주고 진심으로 조언해주었다. 그런 공감능력이 환자들에게 고스란히 전해졌고 환자들은 원장님의 공감을 공유한다. 그리고 실제로 그 병원에 가면 감기가 조금 일찍 호전되는 것 같은 플라시보 효과마저 느껴질 정도였다.

환자들의 고통에 짧은 진료 시간 동안 공감했을 뿐이지만, 경제적 이익과 존경을 동시에 얻은 의사로 그리고 동네에서는 믿음의 병원으로 자리 잡게 되었다.

확실히 공감에는 사람을 사로잡는 매력이 있다. 프랑스의 철학자 앙리 베르그손은 공감을 "우리는 자신을 어떤 대상의 내부로 옮겨놓을 수 있으며 거기서 대상의 말로 표현할 수 없는 특징과 공존하게 된다"12)라고 했다.

사회적으로 존경받는 리더가 갖추어야 할 자질과 덕목 중 공감능력은 항상 우선순위에 포함되곤 한다. PISA(국제학업성취도평가연구)는 2018년 처음으로 미래 사회에 필요한 역량 중 하나인 '글로벌 역량(Global Competence)'을 혁신적 평가 영역으로 추가하여 최초로 평가했다. 이 혁신적 영역이란 세계적(Global) 및 상호문화적 사안(Issue)을 설명하고, 서로 다른 관점과 시각을 이해하며, 서로 다른 배경의 사람들과 효과적으로 상호작용하는 것을 총체적으로 의미하는 다차원적 역량이다.13) 위 내용의 행간을 해석하면, 글로벌 리더가 되기 위한 공감능력을 강조하고 있으며 그러한 능력을 지표화하여 평가하기 시작했다는 것을 알 수 있다. 아래의 표는 OECD 가입 국가별 '혁신적 영역' 분야에서 인지적 평가 순위를 나타낸 그래프이다. 표를 보면 우리나라는 그래도 나쁘지 않은 평가를 받은 것 같아 다행스럽다는 생각을 하게 된다.

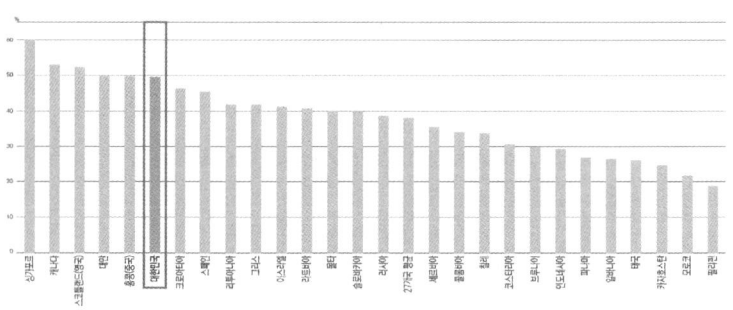

'타인의 관점과 세계관을 이해하고 인정하기' 인지적 평가 순위

이런 공감능력은 성인이 되었다고 어느 날 갑자기 나타나는 것이 결코 아니다. 어릴 때부터 부모로부터 전해지는 감성과 상호작용적 가정환경 속에서 형성된다고 할 수 있다. 자녀가 어릴 때 인식하는 가정환경은 부모가 지배적인 역할을 한다. 때문에, 유아기 시기부터 자녀의 공감능력을 좌우하는 인적 환경은 부모가 전부라고 할 수 있다.

그런데, 만약 부모가 공감능력이 없다면 당연히 자녀에게도 공감능력이라는 영역은 전수되기가 쉽지 않을 것이다. 그래서 공감능력을 뒷받침하는 정서지능이 중요하다. 부모의 정서지능이 높은 가정일수록 자녀의 공감능력은 자연스럽게 높게 나타날 수밖에 없다.

여기서 의미하는 정서지능이란, 자신과 타인의 감정들을 이해하고 인정하는 능력이라고 할 수 있다. 또한, 이 정서지능이 높은 사람은 일상의 환경 속에서 타인의 감정과 기분을 정확하게 알아차린다. 그리고 상대방이 거부감 없이 받아들일 수 있도록 적절한 표현을 구사하는 능력이 높기 때문에 대인관계에서도 안정적이라고 한다.[14]

결과적으로 정서지능이 높은 부모의 자녀는 정서지능도 함께 높아지고, 부모의 정서지능이 낮을수록 자녀는 산만하고 과잉행동이 나타날 확률이 높아진다. 이러한 정서적 요인은 자녀가 유아기에서 아동기에 이르기까지 집중적으로 형성되기 때문에 더욱 예민하게 신경을 써야 할 부분이다. 정서지능이 결여된 상태의 청소년은 그렇지 않은 청소년에 비해 감정이입 능력, 정서 활용 능력 및 정서 표현 능력이 상대적으로 부족하다는 연구 결과도 적지 않게 찾아볼 수 있다. 이런 정서지능을 부모로부터 충분히 물려받은 자녀들은 타인에 대한 감정이입과 공감능력이 좋을 수밖에 없다.

그렇다면, 자녀의 공감능력 향상을 위한 효과적인 방법에는 무엇이 있을까? 루트 번스타인의 저서 <생각의 탄생>에 소개된 몇 가지는 다음과 같다.

첫 번째, 실제와 가상환경에서 우리가 보고 듣고 만지고 느낄 때 집중되는 '내적 주의력'을 연습하라.

이는 세상을 대상으로 자신이 보이는 반응을 관찰하고 그 반응에 대한 육체적이고 정서적인 기억을 유지하는 것이다. 타인과 기쁨이나 슬픔에 관하여 대화를 나누거나 타인의 행동을 관찰했을 때 느껴진 감정들을 오랫동안 잊지 않도록 기억하고 나의 감정과 일치시켜본다.

두 번째, 자기 외부에 있는 사람이나 사물에 대한 '외적 주의력'을 연습하라.

가정이나 학교에서 발생하는 크고 작은 인간관계 속에서 변화하는 상황이나 요인들을 파악하고 그것들에 대한 피드백을 연습하는 것이다.

"오늘 옷이 아주 잘 어울리네."

"엄마! 오늘 무슨 기분 좋은 일이라도 있으세요?"

아주 사소한 외적 변화에도 타인에게 공감하며 피드백을 하는 연습은 공감능력에 도움을 준다. 그리고 자녀가 이 외적 주의력이 미치는 대상이 지각하고 느끼는 것을 상상할 수 있다면 더욱 효과적인 방법이 될 것이다.15)

세 번째, 다양한 장르의 문화를 충분히 경험하게 하라.

우리가 일상생활에서 감정이입과 공감을 가장 많이 느낄 때는 영화나 드라마, 다큐멘터리 프로그램을 시청할 때가 아닐까 싶다. 그리고 노래나 춤 같은 기타 대중문화는 자녀의 또래 세대들끼리 공유하며 공감하게 된다. 그렇기 때문에, 다양한 프로그램을 시청하며 타인의 감정을 이해하고 기쁨과 슬픔을 함께 느낄 수 있는 시간이 주어져야 한다. 그리고 최신 트렌드와 각종 정보를 거부감 없이 받아들이는 습관을 들인다면 주변 또래 친구들에게 대화와 마음이 잘 통하는 친구로 인정받을 수 있을 것이다.

06

사람의 마음을 진짜 움직이는 건 말보다 감성이지

　인간은 언제나 논리적으로 또 이성적으로 판단하려고 노력하지만, 반대로 인간이기 때문에 논리와 이성으로는 설명하기 어려운 감성에 의해 나의 어떠한 마음이 동요하여 반응하는 경우가 많다.

　감성을 위키백과에서는 "우리의 오감이 타인의 감정 등 외부로부터 자극을 받고 그에 반응하는 정도나 강도"라고 설명한다. 또, 칸트는 감성을 "외부로부터 모든 감각적 자극을 받아들여 시간적·공간적으로 정리하는 능력이며 이렇게 정리한 것을 생각하는 힘인 지성(知性)에 소재로 제공한다"라고 말하고 있다.[16]

　'지성에 소재로 제공한다'라는 표현은 어떤 의미일까? 이 의미를 조금 더 생각해 보면 다음과 같은 결론에 도달하게 된다. '외부로부터 전달되어 들어온 다양한 정보 중에서 자신의 마음을 움직였거나 감동을 주었던 무언가를 자신의 것으로 재구조화하여 재생산을 통해 타인과 교감하는 선순환 구조'.

우리는 논리적으로 언어를 해석하기보다 한마디 감성적 표현과 말로 인해 마음이 동요했던 경험이 있을 것이다. 타인의 감성적 표현을 내 마음과 동일시한다는 것은 결코 쉬운 일이 아니다. 때문에, 외적으로 유의미한 자극을 꾸준히 주고받으며 그것을 끊임없이 내재화하는 과정이 인간에게 중요하다. 사람은 자신과 유사한 삶의 이야기를 소비하면서 '재미'를 느끼는 본능이 있다.

과거에는 벽화 등을 그리면서 상상하기도 하고 신화 같은 이야기를 만들어내기도 했으며, 공동의 목표를 공유하기도 했을 것이다. 이는 사회 속 다른 사람들과 공존하고 공감하면서 '존재감'을 느끼며 불안을 떨치고 안정감을 느끼려는 본능이 있기 때문이다. 사회 속에서 느끼는 직접적인 교감도 있지만, 미디어와 디지털의 시대인 요즘에는 영상물을 통해서 얻는 간접적인 교감도 있다. 이런 감성적 교감은 우리 사회에서 대부분의 분야에 활용된다.

특히 우리 주변에서 감성적 표현이 자주 등장하고 많은 사람들이 공감하는 한 분야는 아마도 방송 분야가 아닐까 생각한다. 몇 년 전, 드라마 <도깨비>가 그야말로 엄청난 인기를 끌었다. 이 드라마는 겨울이 되면 여전히 정주행해야 하는 드라마로도 손꼽히고 있다. 드라마 5회 도입 부분에서 남자 주인공 역의 공유는 여주인공 지은탁을 보면서 첫사랑에 빠진 자신의 마음을 <사랑의 물리학>이라는 시를 읊조리며 표현한다. "사랑한다"라고 직접 말하지 않아도 이미 사랑에 빠졌음을 의미하는 아주 상징적인 부분이다. 이 드라마를 봤던 시청자라면 이 부분을 아마 잊지 못할 것이다.

"쿵 소리를 내며, 쿵쿵 소리를 내며."

출처: 네이버TV

이렇듯 작가의 마음속에 내재화되어 있던 <사랑의 물리학>이라는 시는 재구조화되어 영상으로 표현되면서 큰 감동을 주었다.

한 가지를 더 예로 들면, 전 세계적으로 큰 이슈가 되었던 <오징어게임>에서도 눈에 띄는 장면이 있었다. 1회 방송에서 참가자들이 첫 번째 게임을 하기 위해 게임장에 입장하려고 신비스럽게 보이는 계단을 올라가는 장면이다.

출처: NETFLIX

에셔, <오르내리기>(1960)[17]

위의 그림 모두 사람들이 계단을 오르내리는 모습에 그 유사성이 있다.

출처: NETFLIX

에셔, <상대성>(1953)[18]

위 그림은 마치 누군가가 위에서 바라보고 있는 듯한 시선으로 처리하는 모습이 닮아 있다.

아빠의 문화적 자본 | **151**

드라마에서 이 장면을 보는 순간 '에셔'의 작품과 상당히 유사하다는 생각을 하게 됐다. 다만 에셔의 작품은 판화가 많아 대부분 흰색과 어두운색만 있을 뿐이지만, <오징어게임>에서는 아주 화려하고 천연색을 사용했다는 차이점이 있다.

이처럼 한 작품은 시를 통해서, 또 한 작품은 무대 연출을 통해 자신이 받았던 감동을 재구성하여 표현함으로써 사람들에게 깊은 감동을 주기도 한다. 또한 그러한 감동을 소비함으로써 사람들은 정서적인 안정감과 공감을 형성한다. <오징어게임>이 전 세계적으로 흥행했던 이유 중 하나도 인종과 국가를 초월하는 상징성과 공감을 끌어냈기 때문이라고 생각한다.

자녀에게 시, 그림, 음악과 같은 예술 작품들을 충분히 노출시켜줘야 할 이유가 여기에 있다. 예술 작품은 정서적인 안정감과 안목을 키워준다. 그리고 정서적 풍요로움과 내적 성장을 이루며, 공동체 안에서 다양한 관점과 경험을 통하여 사고를 확장시킬 수 있다.19)

그럼, 내 안에서 정서를 재구조화하는 방법에는 어떤 것이 있을까? 결국 어릴 적부터 예술을 충분히 즐기게 하는 것이다. 스스로 즐기게 하는 방법은 익숙하게 하는 것이고 습관화하는 것이다. 자주 노출시켜줘야 함은 물론, 특히 부모가 주도해 골고루 보여주기보다는 꼬리에 꼬리를 물듯이 아이가 자발적으로 선택하고 참여할 수 있도록 하는 편이 좋다.

그리고 역시 강조되는 것은 부모와의 소통이다. 예술적 정서의 소통은 자녀의 자발성을 높여준다. 부모는 자녀가 무언가를 표현(생각, 말하기, 글로 적어내기, 몸으로 표현하기 등)하는 과정에서 서로의 관계성에 연결고리를 만들어주는 매개 역할을 해주어야 한다.

즐기면서 능동적으로 소비하다 보면 어느새 아이에게 든든한 감성 근육이 형성되어 있을 것이고, 이는 이른 시기에 시작할수록 평생에 걸쳐 단단해지며 정서적인 안정감과 평안함을 가져다줄 것이다.

#에피소드 1

자녀와 함께하는 여행은 언제나 즐겁고, 새로운 환경에서의 볼거리, 즐길 거리, 먹거리를 제공하며 자녀와의 감성적 유대관계를 더욱 견고하게 하는 계기가 되기도 한다.

여행에는 새로운 지역과 분위기 속에서 크게 의도하지 않아도 자연스럽게 기본적인 지적 자산으로 습득되고 얻어지는 것들이 존재한다. 여행지에서 얻어지는 지식들은 책상 앞에 앉아서 얻어지는 지식보다 부담이 적고, 여행이라는 대주제의 맥락 안에 자연스럽게 녹아들 수 있다는 장점이 있다.

가족들과 함께 제주도 여행을 간 유빈이네. 오랜만에 떠난 여행이라 온 가족은 모두 들떠 있고, 아빠도 즐겁고 안전한 여행을 할 수 있게 많은 노력을 하고 있다.

아빠는 유빈이에게 용암의 흔적을 보여주고 싶어 주상절리를 방문했다. 가족들이 주상절리의 신비로운 모습에 감탄하고 있을 때 아빠는 특이한 표지판이 눈에 들어왔다.

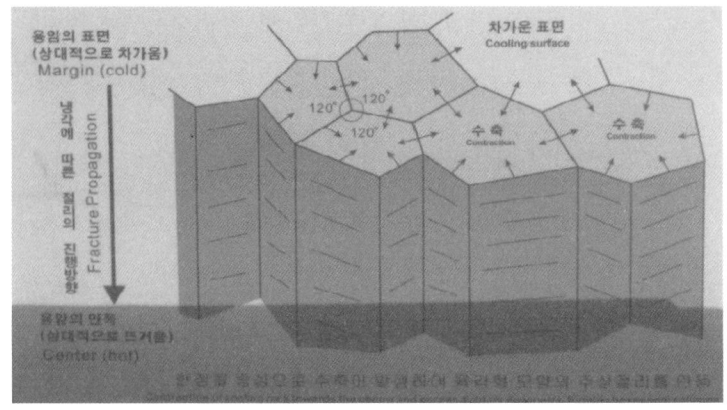

이 표지판에는 주상절리가 생긴 과학적 원리가 소개되어 있고, 육각형 모양의 주상절리가 서로 이웃하는 육각기둥이 모여 120° 각을 유지하며 서로 붙어 있다는 설명이 간략하게 나와 있다.

아빠는 이 그림을 보자, 한 가지 수학적 개념이 생각났다. 바로 '테셀레이션'이다. 이렇게 세 개의 육각형이나 삼각형 또는 더 다양한 모습으로 서로 모여 120°를 이루고 있는 모형이 있다면 바로 테셀레이션이 되는 것이다. 테셀레이션은 이미 많이 알려져 있지만, 이렇게 실생활에서 발견된 자연현상을 설명하기에 더없이 좋은 소재이기도 하다. 이뿐만 아니라 육각형으로 이루어진 다른 물체나 자연 상태의 모양 등으로 이야기를 확장할 수도 있다.

아빠는 여행지에서 발견된 뜻밖의 수학적 소재를 이용하여 유빈이와 자연스럽게 수학 원리에 관해서도 이야기를 나누고 육각형 모양의 장점, 우리 일상생활에서 사용되고 있는 육각형 모양에는 어떤 것들이 있는지 한참 즐겁게 이야기를 나누었다.

이렇게 감성적 환경의 여행지에서 우연히 발견된 학습적 소재는 자녀들에게 부담이 없는 자연스러운 지적 활동을 제공한다. 어떤 학습적 소재를 만나든지, 분명 부모의 지적인 수준 안에서 학습적 소재와 연결시켜 해석해 자녀에게 호기심을 줄 수 있다고 생각한다. 부모 스스로 가볍게 넘기지 않고 늘 새로운 생각을 하려고 노력한다면 자녀에게도 자극이 되고 학습 효과가 배가될 것이다.

1) 린다 그래튼, <일의 미래>, 생각연구소, 2012.

2) Slåtten,T., Lien, G., Evenstad, S. B. N., & Onshus, T. (2021). Supportive study climate and academic performance among university students: the role of psychological capital, positive emotions and study engagement. International Journal of Quality and Service Sciences.

3) Simons, R. L., Whitbeck, L. B., Conger, R. D., & Chyi-In, W. (1991). Intergenerational Transmission of Harsh Parenting. Developmental Psychology, 27(1), 159-171.

4) 조수아, 장진이. (2019). 청소년이 지각한 부와 모의 수용적 양육태도가 분노조절에 미치는 영향: 자기위로능력과 공감능력의 매개효과. 청소년학연구, 26(5), 303-331.

5) 배효정, 김도연(2015). 유아기 자녀를 둔 아버지의 아동기 애착, 배우자의 부모역할지지, 심리적 안녕감이 아버지의 부모역할수행에 미치는 영향. 열린부모교육연구, 7(4), 147-164.

6) 천우영(2016). 다문화가정의 아버지 정서지능이 유아 공감능력에 미치는 영향. 한국유아교육·보육복지연구, 20, 141-163.

7) https://kosis.kr/statHtml/statHtml.do?orgId=154&tblId=DT_154013_A001&conn_path=I2

8) 김주환, <회복탄력성>, 위즈덤하우스,, 2011, 43-56p.

9) Werner, E. E., & Smith, R. S.(1982). Vulnerable but invincible: A longitudinal study of resilient children and youth. New York: McGraw Hill.

10) Garmezy, N. (1971). Vulnerability research and the issue of primary prevention. Journal of American Orthopsychiatry, 41(1), 101-116.

11) 이해리·조한익(2005). 한국 청소년 탄력성 척도의 개발. 한국청소년연구, 16, 161-206.

12) 로버트 루트번스타인, <생각의 탄생>, 에코의서재, 2007.

13) 경제협력개발기구(OECD), 국제학업성취도 평가 연구(PISA) 2018 혁신적 영역 평가 결과 발표. 교육부.

14) Goleman, D.(1995). Emotional intelligence. New York: Bantom Books.

15) 로버트 루트번스타인, <생각의 탄생>, 에코의서재, 2007.

16) https://ko.wikipedia.org/wiki/%EA%B0%90%EC%84%B1

17) https://www.artinsight.co.kr/news/view.php?no=30331

18) https://m.blog.naver.com/isle0527/221279830441

19) 권희원, 변정은(2018). 문화예술교육을 통한 일상의 변화와 교육적 의미 탐구-문화예술교육론; 수업 사례를 중심으로 - 문화예술교육연구, 13(3), 21-48.

제5장

사회적 자본

01

사회적 자본(Social Capital)

세상은 정말 무서울 만큼 빠른 속도로 변화하고 있지만, 사회가 변화하는 속도만큼 사람들의 인식이나 행동은 쉽게 변하지 않는다. 새로움에 대한 두려움, 익숙한 것에서 느끼는 편안함, 과거의 오랜 습관에 머물고 싶은 마음은 누구에게나 있을 것이다.

이번 챕터에서는 어떻게 하면 자녀들이 빠르게 변화하는 세상에서 현재 시점을 인식하고 잘 적응하여 사회의 리더로서 성장할 수 있을지 그 이야기를 하고자 한다.

린다 그래튼(Lynda Gratton) 교수는 그의 저서에서 사회적 자본을 이렇게 설명하고 있다. "사회적 자본이란 자신의 모든 인간관계를 비롯해 네트워크의 폭과 깊이를 합친 것을 의미한다." 인간관계에는 개인적 즐거움의 원천이 되는 강력한 관계도 있고, 약하지만 다양한 집단과 연결해주는 관계도 있다. 미래에는 이러한 관계 및 네트워크의 폭과 깊이가 그 어느 때보다도 중요해질 것이다.[1]

그런데 이 부분에 관해서 필자는 정반대의 견해도 아울러 가지고 있다. 팬데믹 때문에 온라인 비대면 인간관계가 폭발적으로 늘어나고 사람과 사람들이 연결되었다. 여기서 인간관계의 폭은 넓어지지만, 깊이가 과연 존재하는가 의문이 생긴다. 아바타와 아바타가 만나는 메타버스 공간에서 네트워크는 인간관계라기보다 그저 계정과 계정의 연결일지도 모른다. 그 과정에서 익명의 누군가에게 정신적 폭력을 당할 수도 있고, 소위 멘털이 나가는 경험을 할 수도 있다.

따라서 가정에는 가족 간 협력적 네트워크와 정서적 완충재가 잘 마련되어 있어야 한다. 가정에서의 회복탄력성 그리고 요즘과 같은 정보화, 메타버스 시대에 온라인상에서 협력적 네트워크 역량이 동반성장 한다면 더욱 효과적인 사회적 자본의 전수가 가능해질 것이다.

가정은 사회의 작은 단위이다. 하지만 가정에는 그 내부에서 행해지는 여러 상황과 문화, 행동양식 등을 타인들이 내밀히 들여다볼 수 없는 폐쇄성도 동시에 존재한다. 때문에, 우리는 뉴스에서 가정폭력이나 아동학대같이 몰랐던 이런저런 가정의 문제들을 접하게 된다. 그 폐쇄성에는 다른 가정 문제에는 개입하지 않는 것이 좋다는 우리나라의 문화적 인식도 한몫한다고 생각한다.

지금이야 팬데믹 상황이 서서히 해제되고 있지만, 언제 또다시 팬데믹의 공포가 우리 사회를 암울하게 만들지 모른다. 이러한 팬데믹으로 인해 아이들과 부모들이 집에 머무는 시간이 과거에 비해 훨씬 증가하기도 했다. 과거 밖에서 소모하던 에너지를 가정에 녹여내야 하는 새로운 스트레스가 발생하게 된 것이다. 행여나 의도치 않게 짜증 섞인 대화가 부모와 자녀 사이에 오고 갈 수도 있다.

오너리스크, 땅콩회항, 어느 국회의원 자녀의 음주운전, 모 기업 손녀의 마약 사건 등 더 많은 예를 들지 않더라도 일부 대기업이나 정치인 자녀들의 부적절한 말과 행동이 물의를 일으키는 경우를 우리는 많이 보아왔다. 그들이 가진 돈과 권력 때문에 앞에서는 고개를 숙이는 경우가 있을지라도 진정으로 그들이 누군가의 존경의 대상이 되는 것 같지는 않다.

도대체 그들의 무엇이 문제일까? 이는 가정 안에서 자본의 상속이 돈과 권력에만 집중되고, 가족간의 친밀하고 서로 존중하는 네트워크가 형성되지 않았기 때문이라고 생각한다.

그러므로 우리는 작은 사회인 가정에서의 네트워크에 각별한 주의를 기울여야 한다. 부모와 자녀 사이에 긍정적 네트워크가 형성되어 유지되고 있는 자녀는 사회적 인간관계에서도 주도적 역할을 하는 성인으로 성장하게 될 것이다.

02

메타버스, 플랫폼 시대의 문화적 자본

2021년에는 메타버스라는 키워드가 세상을 움직였다고 해도 과언이 아니다. 메타버스(Metaverse)는 가공, 추상을 의미하는 메타(Meta)와 현실 세계를 의미하는 유니버스(Universe)의 합성어이다.

네이버 시사상식사전에 의하면 메타버스는 "현실 세계와 같은 사회·경제·문화 활동이 이뤄지는 3차원 가상세계"를 일컫는 말이다. 1992년 미국 SF 작가 닐 스티븐슨의 소설 <스노 크래시>에 처음 등장했는데, 저명한 학자의 이론이 아니라 소설가의 상상을 통해서 만들어진 개념이다. 그러나 상상은 현실이 되었다. 메타버스는 인터넷 속도와 연관된 정보통신기술 발달과 코로나19로 인해 비대면 문화가 급속히 확산되면서 크게 주목받고 있다.[2]

변화 속도가 느리다는 대기업, 공공기관, 대학 등도 메타버스 공간을 직접 만들고 오프라인 활동을 온라인에서 진행하고 있을 정도다. 개회식, 입학식, 신입사원 오리

엔테이션, 채용박람회, 성과 전시회, 박람회, 학술대회, 강연 등 많은 활동을 메타버스에서 시도하기 시작했다. 이후 페이스북이 회사명을 Meta로 바꾸면서 자신들이 메타버스 기업임을 세계에 공표한 것은 페이스북을 많이 사용하는 기성세대에게도 메타버스의 개념을 알리는 기폭제가 되었다.

마크 저커버그는 '새로운 인터넷 시대로 도약'하기 위해서 사명을 변경했다고 설명했다. 10대들이 유튜브보다 더 많은 시간을 보낸다는 로블록스 플랫폼을 향한 관심도 확산되었고, 메타버스 플랫폼을 직접 만들 수 있는 게더타운이라는 플랫폼은 2019년 6월에 론칭하고 채 3년도 되지 않아 기업 가치가 3조에 육박하게 되었다.

국내에서도 네이버가 메타버스 플랫폼인 제페토를 확장하면서 현재 전 세계 2억 명 이상이 제페토에 가입하여 활동하고 있다. 그 안에서 아바타로 활동하면서 게임도 하고 모임도 만들며 스스로 공간을 창조하기도 하고 다양한 아이템을 판매하기도 한다. 교육, 업무, 회의, 쇼핑, 심지어는 주요 계약들도 온라인과 플랫폼 안에서 이루어진다. 또한, 업무와 회의를 효율적으로 활용할 수 있는 시스템들도 앞다투어 개발되고 있다. 이러한 정보나 시스템과 플랫폼들은 일반적인 사람들이 따라가기에 버거울 정도로 빠르게 발전해나간다.

2021년 메타버스 대유행을 두고 혹자는 '그저 유행이고, 비대면을 위한 일시적인 확산이며 코로나19가 끝나면 우리의 관심에서 사라질 것'이라고 말한다. 2016년 이세돌이 알파고에 패하면서 인공지능이 당장 우리의 삶을 바꿀 것이라 생각하고 인공지능에 엄청난 투자가 이루어졌지만 지금은 잠잠해진 것처럼, 2021년을 장악했던 메타버스 또한 그렇게 될 것이라고 말이다. 또 다른 사람들은 코로나19가 메타버스 확산에 가속도를 붙인 것일 뿐, 이미 우리는 메타버스의 시대를 살아가고 있었고 앞으로도 그럴 것이라고 말한다. 과연 누구의 말이 더 맞을까?

그것을 이야기하기 전에 우리는 메타버스의 의미를 정의해볼 필요가 있다. 메타버스는 온라인 가상세계를 만드는 단순한 그래픽 기술이 아닌 '가상공간과 현실이 함께 상호작용하는 디지털 공간'을 의미한다. 가상공간과 현실이 상호작용한다는 개념을 적용해본다면, 내가 접속한 공간이 메타버스인지, 메타버스가 아닌지 쉽게 감별해낼 수 있다. 평소처럼 식당에서 식사를 하고 결제를 하려는데, 인터넷 장애로 전자결제가 되지 않아 현금결제를 해야 하는 상황을 생각해보자. 식당 주인은 카카오톡으로 온라인 입금을 하라고 하는데, 마침 나만 인터넷 장애를 겪는 통신사를 사용하는 바람에 결국 같이 간 동료의 휴대폰으로 온라인 이체를 했다. 가상공간의 장애로 현실에서 불편을 겪게 된다면 해당 플랫폼은 메타버스다. 가상공간과 현실이 함께 상호작용하다 보니, 인터넷 장애가 현실의 장애와 연결되는 것이다.

메타버스는 이렇게 경제적 활동이 이루어지는 공간일 뿐 아니라 사회적 활동 패턴도 변화시킨다. 메타버스 플랫폼에서 여러 개의 아바타를 만들어 각각의 공간에서 활동할 수 있다. 카카오톡에서 여러 개의 닉네임과 프로필을 만들어서 톡방마다 다른 캐릭터로 활동할 수 있으며, 개인이 누구인지 공개할 필요도 전혀 없다. 우리는 이렇게 메타버스 생활에 익숙해져 버렸다.

우리 생활에서 변화된 모습을 몇 가지만 찾아봐도, 누구의 의견이 맞는지 알 수 있거나 혹은 예측할 수 있을 것이다. 아직 감이 잡히지 않는다면 일상생활에서 겪은 사례를 떠올려 좀 더 쉽게 우리 행동이 어떻게 변화했는지 확인해볼 수 있다.

　필자는 며칠 전 아이와 함께 아이스크림을 사러 갔다가 우리 생활 속 행동 패턴의 변화를 체감할 수 있었다. 집을 나서서 아이스크림 가게에 들어갔다. 우선 주문을 받는 직원이 있을 자리에는 키오스크가 마련되어 있었다. 직원들은 아이스크림을 주문에 맞게 퍼 담는 일을 하느라 분주했다. 나이 많은 사람도 나이 어린 사람도 익숙하게 키오스크에서 아이스크림을 주문했다. 어쩌면 여기서 직원에게 일을 시키는 사람은 기계라고 볼 수 있다. 키오스크에서 주문한 순서대로 주문서가 프린트되어 나오면, 직원은 주문서에 맞는 통을 찾아 주문서를 붙이고 아이스크림을 준비하기 시작한다. 프린트되어 나온 번호표와 결제영수증을 들고 매장에 서 있는 사람은 나까지 셋이었지만 7~10분가량의 대기 시간이 필요했고 그동안 세 명의 아르바이트생이 분주히 움직였다. 그리고 그사이 배달기사 세 명이 와서 냉장고에 들어 있는 아이스크림을 배달 주문에 맞게 찾아서 갔다. 우리 집에서 걸어서 10분 거리, 그마저도 날씨 탓을 하며 자동차를 타고 왔는데, 가게까지 왕복 소요 시간이나 왕복 연료비 등을 더하면 3000원이라는 배달비가 전혀 비싸지 않게 느껴졌다. 다음에는 큰 이변이 없는 한 아이스크림을 배달앱으로 주문해야겠다고 생각했다.

　그런데 가만히 떠올려 보니, 사무실에서 배달앱으로 음식을 주문하면서 대부분 추천받은 음식을 먼저 클릭했고, 배달 후기를 보고 별점이 높은 가게를 선택하고 있었다. 나름 가성비와 음식 맛이 좋아 자주 선택한 음식점의 위치를 확인해보자, 우리

사무실과 1.2km 정도 떨어진 데 있는 곳이었다. 배달원이 없었다면, 배달앱이 없었다면 자주 이용할 수 없었을 게 분명하다. '주변 지역 상권'이라는 개념은 메타버스 배달앱을 통해서 확장되었고, 몇몇 맛집은 주변 상권을 뛰어넘어 지역 배달을 독점하고 있었다. 같은 프랜차이즈라도 별점과 후기를 보고 골라서 선택하고 있다는 사실도 깨달았다. 이렇게 메타버스는 온라인을 통해서 지역 상권의 개념과 물리적인 경계를 허물고 있었다.

배달앱에서 배송이 불가능한 지역은 퀵서비스로 배달이 가능하다. 오프라인의 경계는 과연 어디까지 온라인 안에서 확장되는지 생각해볼 필요가 있다. 쉬운 예를 들어보면, TV를 보는데 지역 특산물의 이름을 단 축제가 열리고 있다. 코로나로 사람들의 발길은 적었지만, 상인들은 분주히 움직인다. 상인들은 평소에도 온라인 판매가 매출의 40%를 차지한다고 했다. 요즘 소비자들은 집 근처 매장뿐만 아니라 원거리 매장도 산지 직송으로 밀키트를 받아 이용하고 있다. 이제 지역 상권이라는 개념은 점점 사라지고 있는 것이다.

이렇게 코로나19는 그저 메타버스를 우리에게 익숙하게 만들어주었을 뿐만 아니라 일부 메타버스를 이용하는 습관을 들이기도 했다. 습관이라는 말은 네이버 국어사전에 "어떤 행위를 오랫동안 되풀이하는 과정에서 저절로 익혀진 행동 방식"이라고 나와 있다. 습관은 학습된 행위가 반복되어 생기는 점진적으로 고정된 반응 양식으로, 우리 생활 습관이 배달앱이라는 편리한 문화를 만났다. 이제 메타버스 활용에 익숙해진 이 습관은 이후에도 쉽게 바뀌기 어려울 것 같다.

03

메타버스를 어디까지 알아야 하는가?

우리가 메타버스의 시대에 이미 살아가고 있음을 인지하게 되었다면, 이제 모두 메타버스를 공부하고 알아가야 하는가? 사실 나는 이 부분에 대해서는 '아니요'라고 대답한다. 그 이유를 이제부터 설명하도록 하겠다.

2016년, 인공지능의 시대가 도래했다며 온 세상이 떠들썩했고, 인공지능 시대에 뒤처지지 않기 위해 이건 이렇게 해야 하고 저건 저렇게 해야 한다며 인공지능 청년 인재 육성 타이틀을 단 많은 교육프로그램들의 홍수 속에 살아갔다. 인공지능을 향한 사람들의 관심은 어떤 이들에게는 위기의식을 불러왔고 또 어떤 이들에게는 새로운 기회로 다가왔다.

요즘 TV 광고를 보면 인공지능을 탑재하지 않은 것이 없다. 인공지능 가전제품, 교육시스템, 면접시스템, 추천시스템 등 모두 인공지능이라는 타이틀로 우리에게 혁신적인 제품이며 서비스임을 인식시킨다. 하지만 우리가 인공지능이 무엇인지 배워서 더 잘 사용할 수 있게 된 것은 아니다. 인공지능 쪽으로 투자가 이루어지고 기존 서비스가 한층 더 편리해진 것일 뿐, 인공지능을 우리가 배워서 알고 활용하게 된 것은 아니다. 인공지능이 어디에 사용되고 있으며 어떤 원리인지를 이해하는 사람들이 향후 인공지능 개발자들과 협업하여 서비스를 개발할 기회를 얻을 수는 있을 것이다. 하지만 매우 소수에 해당하는 경우이다. 우리 대부분은 인공지능 기술이 포함된 서비스를 이용하는 소비자에 해당한다.

하지만 메타버스의 유행 상황에서 우리는 메타버스 플랫폼 서비스를 이용하는 소비자이기만 할까? 인공지능이라는 기술보다 메타버스에 참여하는 진입장벽이 크게 낮아졌다. 좀 더 풀어서 설명하면 다음과 같다.

자체 개발한 정통 수제 와플 카페를 운영하는 A씨는 와플 마니아에서 와플 장인으로 성장하며 서민 갑부가 되었다. 코로나19 이전에는 줄을 서서 먹는 동네 맛집이었다. 그런데 요즘은 블로그 활동을 꾸준히 해도 와플 카페에 오는 손님이 점점 줄고 있다. 코로나19로 매장에 오는 손님이 급감하기도 했다. 하지만 그보다 우후죽순처럼 늘어나는 별다방 때문에 커피 매출은 거의 바닥이고 와플만 고정고객이 있었는데, 단골들이 재택근무를 많이 하게 되면서 발길이 뜸해졌다. 곧 월지출이 월매출을 뛰어넘게 될까 두려웠다. 그나마 직장인들이 브런치로 찾아 제법 인기가 있는 와플세트 매출로 버티고 있었지만, 폐업 시점이 더 빨리 올까 봐 잠을 설친 날도 많았다. 어느 날 A씨는 쿠팡이츠라는 메타버스를 이용하여 늦은 점심시간 배달 음식을 시켜 먹다가 지푸라기라도 잡는 심정으로 쿠팡이츠에 입점해보기로 했다. 그리고 입점

한 달 후, 그는 어떻게 되었을까? 수제 와플 가게는 동네 장사를 뛰어넘어 배달원들이 수시로 들락거리는 배달 대박집이 되었다. 포장만 전담하는 아르바이트도 구했고, 밤이면 와플 반죽을 하느라 하루에 4시간도 못 자며 전세는 역전되었다.

A씨는 메타버스를 공부한 것이 아니라 쿠팡이츠라는 메타버스를 활용한 것뿐이다. 그가 가지고 있는 것은 '정통 수제 와플을 제조하는 노하우'이다. 이는 고유한 기술이며 스스로 개발한 '문화적 자본'이다. 결국 이번 챕터에서 강조하고자 하는 것은 새로운 기술이나 시대의 변화를 이해하고 적용해보려고 하는 것도 중요하지만, 그럴 때 자신의 고유한 '문화적 자본'의 가치가 더욱더 빛난다는 점이다.

사람의 생물학적 특성에는 변한 것이 없다. 시대적으로 기술이 발전하는 것이고, 기술의 변화에 미처 적응하기도 전에 우리는 또 다른 시대적 변화의 소용돌이 속에 살아가게 될지도 모른다. 그만큼 기술의 변화는 놀라울 정도로 빠르다.

팬데믹 시대를 겪으면서 인류는 큰 도전과제에 직면하게 되었다. 팬데믹 시대는 많은 것들을 변화시키고 있다. 하지만 그만큼 '문화적 자본'을 가진 이들에게는 메타버스에서 기회의 땅을 열어주고 있는 셈이 된 것이다. 인공지능이 유행하면 인공지능을 배우고, 메타버스가 유행한다고 메타버스를 공부해서는 '문화적 자본가'가 될 수 없다. 문화적 자본가가 되기 위해서는 자신이 가진 '희소가치'를 높이기 위한 노력을 해야 한다. '희소가치'는 '문화적 자본의 가치'라고도 할 수 있다. 또한, 좀 더 시장이 큰 분야에서 '희소가치'를 가질수록 큰 금전적 성과를 이룰 수 있게 될 것이다. 보통 의식주와 관련된 것들이 소비시장이 큰 분야라고 할 수 있다. '문화적 자본가'의 시작과 성장은 자신이 최초 무엇에 관심이 있었고, 해당 분야의 전문성을 높이기 위해서 얼마나 노력해왔는지로 판가름할 수 있을 것이다.

자녀의 사회적 역할의 밑거름은 아빠에게서 시작된다

일반 성인들은 다른 사람들과 나누는 대화 속에서 상대방의 인격이나 지식, 논리성 등이 어느 정도인지 대충 가늠할 수 있다. 그렇기에 말은 나를 표현하는 아주 중요한 수단이다. 의사소통은 자녀의 사회적 측면과 인지적 측면 모두에서 중요한 역할을 한다.

여러 연구에 따르면 아버지의 다양한 의사소통 유형(긍정적·부정적 유형)은 자녀들의 학교생활 적응력은 물론이고 성취동기와도 관련이 있다고 한다. 또 이러한 연관성은 어린 유아기 자녀부터 이제 막 성인이 된 자녀들에게까지 폭넓게 영향을 미치고, 아빠의 의사소통은 자녀의 사회성 발달과 학업유능감에도 영향을 주는 것으로 보고되고 있다.[3]

아빠들은 직장이나 사회적 인간관계에서 정말 많은 스트레스에 시달리고 있다. 가끔은 의도치 않게 본인의 기분에 따라 대수롭지 않은 일에도 자녀에게 짜증 섞인 말을 하는 경우도 있을 것이고, 일방적으로 명령에 가까운 말을 할 때도 있다. 그리고 한 가지 더 중요한 것은 자녀뿐만 아니라 아내에게 하는 말이나 행동에서도 부정적인 요소나 논리적이지 못한 상황을 만들어내는 경우가 많이 발생한다는 점이다. 지속적으로 언급되고 있는 바와 같이 가족 내에서 형성되는 문화는 아빠와 엄마, 자녀들이 복잡하게 섞여 있고 공유된다는 점을 감안한다면 가정에서 이루어지는 의사소통은 자녀뿐만이 아니라 아내에게도 조심스러워야 할 것이다.

자녀와 의사소통을 하는 경우, 개방형 의사소통과 논리적 의사소통을 할 것을 권유한다. 개방형 의사소통은 자녀들과 의사소통을 하면서 억압하지 않고 자유롭게 사실과 자신의 감정을 표현하는 의사소통이라고 할 수 있다. 이러한 의사소통에서 중요한 점은 분명하고 일관성이 있으며 모순되지 않은 메시지를 보내는 것이다. 이러한 개방형 의사소통은 자녀의 자아정체감과 자아탄력성, 적응수준을 높이는 데 도움을 준다. 또한 논리적 의사소통은 자녀와 의사소통을 하는 과정에서 어떠한 지식이나 개념 등이 올바르게 전달되고, 그것을 바탕으로 지식을 구성할 수 있는 근간이 되며 문제를 해결하는 능력을 함께 키워나갈 수 있게 해준다.

05

개방형 의사소통을 실천하라

인간은 유아기에 눈을 마주치는 것으로 의사소통을 시작한다. 가족과의 관계에서 말을 배우기 시작하고, 초등학생 시절 말 잘 듣던 아이들은 어느새 성장해 청소년기에 들어서면서 말이 없어지고 때론 부모와 대립하기도 한다. 만약 현재 자녀가 청소년기에 접어들었다면 그 어느 때보다 부모는 인내심과 끈기를 갖고 개방형 의사소통을 위해 노력해야 한다.

개방형 의사소통이란, 부모와 자녀의 가정 내 상호작용에서 자신의 의견을 자유롭게 표현하고, 누군가의 억압이나 강요 없이 긍정적으로 순조롭게 진행되는 순기능적 의사소통을 의미한다. 이와 반대되는 의미의 의사소통으로 폐쇄형 의사소통이 있다. 부모와 자식 간의 의사소통에서 폐쇄형 의사소통이 이루어지는 경우, 자녀는 애정보다는 부정적이고 비난적인 발언과 책망을 경험한다. 이러한 경험이 쌓이게 될수록 부모와 자녀는 대화를 피하게 되는 결과가 만들어진다.

정서적으로는 가장 예민하고 사회적으로는 조금씩 독립심을 키워나가야 하는 청소년 시기에 부모와 대화가 단절된다면, 우리 자녀들은 고립되거나 어려운 문제를 스스로 해결하면서 잘못된 판단을 하는 오류에 빠질 수도 있다. 때문에, 오랜 시간을 두고 개방형 의사소통을 통해 자녀와 정서적 친밀감과 신뢰감을 성장시켜야만 한다.

반즈(Barnes)는 가정에서 개방형 의사소통을 촉진할 수 있는 몇 가지 의사소통 방식을 제시하고 있다.

- 서로의 이야기를 잘 들어주자.
- 부모와 자녀가 대화할 때 서로가 솔직한 질문과 대답을 들을 수 있게 노력하자.
- 서로에게 애정을 표현하자.
- 부모와 자녀는 서로에 대한 감정과 생각을 함께 의논하자.
- 부모와 자녀는 상대에게 원하는 것이 생겼을 때 요청하는 것을 두려워하지 말자.
- 부모와 자녀는 언제나 대화에서 애정과 신뢰를 드러내는 표현을 하며 솔직한 감정표현을 하자.[4]

청소년기는 사회화 과정에 첫발을 들이고 사회적 대인관계를 본격적으로 맺어가는 시기이다. 사회화 과정에 놓인 청소년들은 본인들이 이미 성숙하다고 판단하는 경우가 많지만, 어른들이 보기에는 아직 미성숙하다고 생각하기 마련이다. 사실, 경험부족과 인지적 판단 미숙으로 외부 자극에 쉽게 휩쓸리는 경우도 많이 발생한다. 사회화 과정에서 개방형 의사소통의 중요성은 상호 간 존중의 의미를 포함하기도 한다.

개방형 의사소통은 기본적으로 긍정적 의사소통을 뜻한다. 또한, 개방형 의사소통을 포함한 모든 의사소통은 상대방과의 상호작용을 의미한다. 대화를 통한 상호작용은 단순히 대화에서 그치는 것이 아니라 상대방을 긍정적인 마음으로 이해하고, 감정 교류를 통해 상대방을 인정하고 존중하는 과정에서 나 자신도 상대방에게 인정받고 존중받게 해준다. 부모는 자녀에게 평소 가정에서 나누는 대화를 통해 감정, 생각과 태도를 긍정적으로 보여줄 방법을 제시해야 할 것이다.

필자는 학교 업무로 학교운영위원회나 여러 회의들을 통해 학부모들을 자주 만나게 된다. 그럴 때면 종종 학부모들의 하소연을 듣게 된다.

"애들이 집에 와서 얘기를 안 해요."

"학교에서 안내해주셨나요?"

요즘이야 e-알리미로 가정통신문이 발송되니 배송사고가 나는 일은 거의 없지만, 불과 몇 년 전만 해도 애들이 집에서 얘기를 안 하니 가정통신문 같은 학교에서 제공된 안내문이 제대로 전달되지 않는다는 것이다.

요즘은 자녀와 함께 저녁 식사를 하는 시간을 갖기도 쉽지 않다. 학원 일정에 쫓기다 보면 평일 저녁이나 주말 저녁에 풍부한 대화를 나눌 여유가 없다. 자녀와의 대화 시간을 양적으로 많이 확보하지 못한다면, 회사처럼 간단하게 5~10분 사이로 스탠딩 대화를 해보는 것도 좋을 것이다.

만약 시간적 여유가 조금 더 있다면 자녀와 함께할 수 있는 취미 활동을 찾아볼 것을 권장한다. 자녀가 딸이든 아들이든 성향이 비슷한 자녀와 취미를 공유하는 것은 서로에게 도움이 된다. 그 취미가 운동, 낚시, 골프, 독서, 영화, 뮤지컬, 요리, 쇼핑, 심지어 컴퓨터 게임이라도 좋다. 같은 취미를 형성하면 의도적인 대화를 시도하지 않아도 자연스럽게 지속적인 대화 소재가 제공된다. 주말이라 피곤하고 소파에서 TV를 보며 쉬고 싶겠지만, 지금 바로 자녀들과 눈을 마주 보고 대화를 시도하기 바란다.

사회적 개방형 의사소통, 이미 시대가 요구하고 있다

4차 산업혁명에 들어서면서 개방형 의사소통을 주요 아젠다로 설정하고 정책적으로 강화하는 기관들이 늘어나고 있다. 특히, 독일은 기업, 연구소, 대학 등이 개방형 의사소통 시스템인 Plattform Industrie 4.0을 통해 진화적 성과를 이루었다. 이 플랫폼을 통해 어떠한 이슈의 논의 과정에든 정부, 전문가 집단, 노조, 소비자 등 다양한 집단을 참여시키고 상호 간의 피드백으로 정책을 정하고 의사결정을 내린다.

제조업과 같은 과거 전통적인 생산방식으로는 4차 산업혁명 시대와 메타버스 시대를 선도하지 못한다. 때문에, 이러한 디지털 시대에는 소비자나 일반 시민들의 의견이 실시간으로 반영될 수 있는 유연한 생산 시스템과 플랫폼이 필요하다.

이러한 의사소통 시스템은 이미 우리나라에도 소개되었는데 새로운 플랫폼과 거

버넌스 모델을 통한 의사소통 방식이 주목할 만하다. 특히, 우리나라는 IT 기반 산업이 세계 최고 수준에 올라 있다. 어쩌면 우리도 인식하지 못하고 있지만, 이미 개방형 의사소통 플랫폼 속에서 생활하고 있었는지도 모르겠다. 수많은 데이터와 보안이 필요한 개인정보, 각종 물류시스템 등 개방적 의사소통 플랫폼은 이제 필연적일 수밖에 없는 시대적 상황이 되어버린 것이다.

이러한 진화적 메커니즘이 독일의 미래를 발전시켜왔듯이 우리나라도 이러한 플랫폼을 받아들여 4차 산업혁명시대에 성공적인 안착을 이루길 바란다. 그 기반에 개방형 의사소통 시스템이 뒷받침되어야 할 것이다.[5]

06

융합적 사고(思考),
그건 기본으로 하는 거야

    7~8년 전 교육계 가장 큰 화두는 융합교육이었다. 융합교육과 관련된 다양한 프로그램과 연구가 개발되고 시범학교를 통해 수업 프로그램이 적용되곤 했다. 필자도 중등용 융합프로그램 수업교재 집필에 참여하여 시범학교에서 운영하는 수업을 실제로 진행했다.

    우리나라는 교육적 이슈가 워낙 빠르게 변화하는 경향이 있기 때문에 지금이야 융합교육이라는 용어를 예전만큼 많이 사용하지 않지만, 그래도 여전히 교육계에서는 '통합교육'처럼 표현을 달리하면서 꾸준히 적용되고 있다. 필자가 근무하는 학교에서도 블록 수업을 통해 교과 통합 수업이라는 형식으로 융합 수업을 진행 중이다.

    학습에서 융합이란, 교과와 교과 간의 경계를 넘어 비슷한 맥락의 주제를 서로 연결하여 학습하는 것을 의미한다. 그렇다면 사회에서 필요한 융합적 사고력이란 무엇일까? 그리고 융합적 사고력을 어떻게 자녀에게 상속할 수 있을까? 이 질문들의 답을 살펴보도록 하겠다.

'융합적 사고력'이라는 단어를 구분해 살펴보면 다음과 같이 해석할 수 있다.

우선 '융합'은 분명 서로 다른 개념 또는 서로 다른 객체들을 뒤섞어 또 하나의 새로운 결과물로 만들어낸다는 의미이다. 사실, 우리 일상생활 속에 있는 대부분의 물건들이 이런 융합적 사고의 산물이다.

포가티(Fogarty)의 교과 간 통합 유형을 살펴보면, 거미줄 모형(Web Bed Model)에서 사고력 계발의 실마리를 찾을 수 있다. 거미줄 모형의 내용 중 한 구절을 인용해 보면 다음과 같다.

> "다양한 학습 내용이 하나의 주제를 중심으로 재구성됨으로써, 전체를 조망할 수 있는 광범위한 시야를 제공하며 풍부한 주제가 조직된다."

사고력 계발은 거미줄 모형처럼 지식과 지식을 서로 연결해나가는 과정이라고 생각하면 된다. 거미줄에 맺혀 있는 물방울은 머릿속에 있는 개념이며 거미줄은 그 개념들을 서로 연결하고 있다. 거미줄 모형은 누가 보더라도 안정적이고 조직적으로 엮여 있는 상태다.

따라서, 새로운 문제가 발생하여 문제 해결이 필요하면 융합은 전혀 다른 개념들을 조합하게 하고, 사고력은 조합한 개념들을 서로 연결할 수 있는 지적 연결고리를 만들어준다. 그리고 다시 이 연결고리들이 서로 유기적으로 조직되어 융합적 결과물을 도출할 수 있는 것이다.

이렇게 개념을 중심으로 지식을 서로 연결하여 그 역량이 최상위가 된다면 전체를 조망할 수 있는 시야를 갖는다. 개념을 이어나가는 거미줄은 다양한 문제를 해결해나가는 과정에서 더욱 견고하게 형성되고 연결된다.

융합적 사고력을 키우는 방법은 결국 다양한 문제 해결 경험을 갖도록 하는 것이다. 따라서 문제를 제공하고 문제 해결 방법을 훈련하도록 하는 PBL(Problem-based Learning, 문제 중심 학습)이 효과적인 방법 중 하나다. PBL 수업방식은 의과대학에서 유행하여 널리 적용되기 시작했다.

최근에는 문제 자체를 발견하고 해결 방법까지 찾아가는 프로젝트 기반 학습 PBL을 수업 현장에서 활용하는 사례가 많다. 프로젝트 기반 학습은 학생 자신이 흥미 있는 문제를 발견하는 것에서 시작하기 때문에 문제를 해결하는 데 동기부여가 된다는 장점이 있다.

또한 융합적인 사고력을 기르기 위해 실천할 수 있는 사고 방법도 있다. 가정에서

할 수 있는 가장 기본적인 방법은 '강제결합법'이다. 강제결합법은 1958년에 영국의 작가인 찰스 와이팅(Charles S. Whiting)이 개발한 사고 기법으로, 전혀 관계가 없어 보이는 두 가지 이상의 아이디어나 사물의 정보를 제시하면 억지로 연결시켜서 새로운 아이디어를 산출할 수 있도록 하는 창의적 문제 해결 기법이다.

이 강제결합법은 창의성 계발 도구로 유용하게 활용되고 있으며, 창의성 관련 수업이나 발명 수업을 할 때 유연하고 발산적인 사고를 확장하는 데 도움을 준다.

물건으로 예를 든다면, 바퀴 달린 운동화나 스위치 달린 멀티탭, 지우개 달린 연필, 총 모양 램프 그리고 강제결합법의 결정판인 스마트폰이 있다.

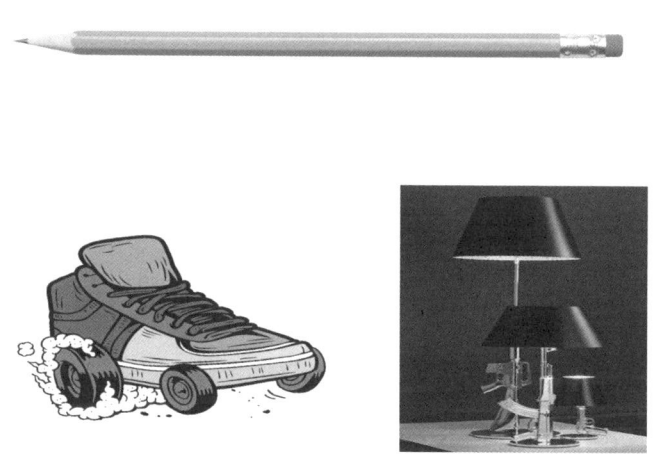

이 총 모양의 램프는 2005년 세계적인 산업디자이너 필립 스탁이 발표한 '건스'다. 이 디자인은 총과 검은색 갓을 사용하여 전쟁이나 싸움, 권력과 같은 어두운 면을 시사했고, 빛이라는 대조적인 상징으로 사회에 주는 메시지가 남다르다는 평가를 받았다고 한다. 이렇게 강제결합법으로 탄생한 물건이나 아이디어는 단순히 물건으로서 가치가 아닌 특별한 메시지를 전달하며 사회적 이슈를 만들어내기도 한다.

강제결합법의 가장 큰 장점은 특별한 도구나 전문적 지식이 없어도 언제 어디서나 쉽게 접근할 수 있다는 것이다. 강제결합법을 적용하고자 할 경우에는 해당하는 사물의 고유한 외형 특징이나 성질 등을 잘 파악해야 한다.

예를 들면 다음과 같다.

관계에 근거한 접근법이다. 공기와 무게라는 개념을 강제로 연결하여 공기의 속성을 나타내는 하위요소를 무게로 설정한다면, '공기의 무게를 측정할 수 있을까?'라는 질문을 생성할 수 있다.

유사성에 근거한 접근법도 있다. 날씨와 전기를 예로 든다면 번개를 만드는 속성인 전기에너지와 발전소가 가지는 에너지 생산의 속성을 강제로 결합할 수 있을 것이다. 그렇다면 다음과 같이 '번개로 발전소를 만들 수 있을까?'라는 질문을 생성할 수 있을 것이다.

비유사성에 근거한 접근법은 각각의 개념을 병렬적으로 연결하거나 강제로 관계를 연결하는 방법이다. 만약 '소리와 전자파는 우리 몸에 어떤 영향을 미칠까?'라는 질문을 한다면, 소리와 전자파가 인체에 미치는 영향을 각각의 질문으로 생성하는 것이다.[6] '소리는 우리 몸에 어떤 영향을 미칠까?'를 질문하고, '전자파가 소리처럼 파동을 가지고 있는 전기'라는 사실을 이야기한다. 이야기 끝에 '전자파는 그럼 소리일까? 전기일까?' 질문한 후 마지막으로 '전자파도 우리 몸에 영향을 미칠 수 있을까?'라는 비유사성에 근거한 접근법으로 유사한 맥락의 질문을 생성해낼 수 있다.

  우리 아이들이 사회에 나갈 때쯤이면 아마 지금보다 더욱 상상도 할 수 없었던 사회현상과 사물들이 등장해 있을 것이다. 따라서 이전의 문제 해결 방법으로는 해결 불가능한 문제들이 발생할 것이고, 그럴 때 강제결합법에 의한 문제 해결이 빛을 발할 수 있으리라고 본다. 이렇게 변화에 적응하고 주도적인 입장에서 문제 해결력을 향상시키기 위해서는 다양한 개념과 경험, 이론을 잘 융합할 수 있는 사고력이 필요하다. 그리고 부모가 가정에서 자녀에게 보여줄 수 있는 수준 높은 교육적 자본의 역할이 자녀를 사회적 리더로 성장시킬 것이다.

07

영국의 사회적 자본은 해리포터 시리즈

영국은 과거부터 사회적 자본이 상당히 높고 그 가치와 영향력이 미국이나 다른 나라와 비교해서 절대로 뒤처지지 않는 문화적 가치가 존재하는 나라다. 최근 영국을 대표하는 사회문화적 자본의 예로 '해리포터'를 들고 싶다.

영국을 대표하는 작가로는 셰익스피어가 있지만 MZ세대에게 물으면 해리포터 시리즈의 작가 조앤 롤링이라고 대답할 것이다. 1997년 출간 이후 2018년 기준 전체 시리즈를 통틀어 약 5억 부가 팔렸다. 이뿐만 아니라 전 세계 200개국 이상 80개 언어로 번역되었다. 해리포터의 원작 소설을 바탕으로 워너브라더스가 제작한 영화 해리포터 시리즈도 역대 급 성공을 기록하며 가장 성공한 프랜차이즈가 되었다.

이렇게 원작 소설의 성공과 뒤이은 시리즈 영화화의 대성공으로 스핀오프도 활발하게 이루어졌다. 스핀오프란 기존에 있는 영화 또는 드라마 등에서 등장인물 또는 설정을 가져와서 새로 이야기를 만들어내는 것을 의미한다. 하나의 매체를 여러 매체의 유형으로 전개하는 OSMU(One Source Multi-use)와 유사한 상황에서 사용된다. 우수한 오리지널 스토리인 해리포터 원작을 바탕으로 한 게임, 테마파크, 굿즈 사업 등 해리포터 브랜드를 활용한 상품들이 400개 이상 제작되었다.

해리포터 1권이 출간된 시점에서 20년이 지난 2016년을 기준으로 해리포터 브랜드의 가치는 250억 달러에 달한다. 한화로는 31조에 이르는 것으로 추산되었다. 해리포터와 같은 스토리 저작권을 슈퍼 IP(Intellectual Property)라고 부른다. 우리나라의 슈퍼 IP가 된 <기생충>, <오징어게임>이 몰고 온 경제적 가치를 각 1조 원 정도로 보고 있다. 해리포터의 경우 전 7권이 시리즈인 것과 출간된 지 20여 년이 지난 상황에서도 지속적인 스핀오프가 진행 중이라는 사실이 놀라울 뿐이다. 영국 여왕보다 몇 배 부자라는 해리포터의 작가 조앤 롤링은 상상력을 소설화하여 영국을 대표하는 문화자본이 된 것이다.

요즘과 같은 메타버스 시대에는 더욱 빠르게 스토리가 소비되고, 우리나라 드라마와 영화들도 넷플릭스나 티빙과 같은 OTT를 통해서 빠르게 전 세계로 팔려나간다. 우리도 재미있게 보았던 <이태원 클라스>나 <김비서가 왜 그럴까> 같은 드라마도 웹소설이나 웹툰이 드라마화되며 성공한 케이스로, 150개국의 OTT에서 서비스되고 있다.

이야기를 소비하는 것은 인간의 본능이다. 디즈니는 자신의 회사를 '재미'를 생산하는 기업이라고 소개하고 있다. 재미있는 이야기는 보고 또 봐도 재미를 느끼고 또 다른 사람들에게 추천하게 되며, 이러한 유통 과정 속에서 저작권료가 발생한다. 싸이나 BTS가 가진 음원도 전 세계에서 저작권 수입을 벌어들인다. 따라서 싸이와 BTS를 캐릭터로 한 스토리도 생산되고 있으며, 이는 우리나라가 가진 문화적 자본이라고 할 수 있다.

우리나라도 콘텐츠 제작 지원을 다각화하여 문화자본의 생산을 지원한다. 게임, 음악, 드라마, 영화, 뮤지컬, 출판 등 다양한 문화자본이 국가 지원을 받아서 제작되고 있다.

이러한 문화적 자본은 쇠락하는 지역 경제를 살리기도 한다. 비틀스의 도시 영국의 리버풀은 자동차 공장이 사라져 일자리를 잃은 사람들이 지역을 떠났음에도 불구하고 비틀스를 추억하는 관광객들이 1년에 200만 명 이상 찾아 관광도시가 되었다. 비틀스라는 문화자본은 리버풀이라는 도시의 자산이자 영국의 자산이다. 이와 같은 문화자본의 가치를 아는 영국은 지속적으로 문화자본을 생산할 수 있도록 국가적 지원을 아끼지 않는다. 우리나라와 같은 정부 차원의 지원뿐 아니라, 지역구별로 스토리클럽을 지원하고 있기도 하다. 지역 스토리클럽은 사람들이 모여서 이야기를 만들고 그 과정에서 생산된 스토리를 출판하는 지원사업으로 전국에 수만의 스토리클럽이 있다고 한다. 또한 스토리클럽은 이야기를 만들고 상상하는 즐거움을 제공하여 국민적 행복 정서 함양에도 이바지하고 있다.

1) 린다 그래튼, <일의 미래>, 생각연구소, 2012.

2) [네이버 지식백과] 메타버스(Metaverse), 시사상식사전, PMG 지식엔진연구소.

3) Flouri, E., & Buchanan, A. (2004). Early father's and mother's involvement and child's later educational outcomes. British of Educational Psychology, 74, 141-153.

4) Barnes, H. L. & D. H. Olson(1982), 'Parent-adolescent communication scale', In Olson, D. H. Barnes, H. L., Larsen, A., Muxen, M., & M. Wilson(eds.), <Family inventories: inventories used it a national survey of families across the family life cycle>, 51-63, St. pUAL, MN: University of Minnesota.

5) 남유선, 김인숙(2015). 독일의 개방형 의사소통 시스템 '플랫폼' - 독일 제4차 산업혁명을 중심으로. 독일언어문학, 70, 47-66.

6) 박미진, 서혜애(2018). 과학영재들이 문제발견 과정에서 나타내는 과학개념 연결방식과 융합적 사고의 특징. 과학교육연구지, 42(2), 256-271.

제6장

사회 속의 교육적 이슈

인공지능은 인지의 영역으로 발전하는가?

출처:
https://www.theguardian.com/technology/2022/jun/12/
google-engineer-ai-bot-sentient-blake-lemoine

이 글을 쓰고 있는 시점을 기준으로 불과 며칠 전 무척이나 소름 끼치는 뉴스를 접하게 되었다. 그 내용을 간단히 소개하자면 다음과 같다.

구글에서 인공지능 개발 관련 엔지니어로 근무하는 르모인(Lemoine)은 그가 개발에 참여하고 있는 인공지능(LaMDA)이 어린아이 수준의 생각과 감정을 인식하고 표현할 수 있다는 내용을 언론에 공개했다. 인공지능은 데이터를 통해서 머신러닝과 같은 학습을 하기는 하지만, 스스로 인지 능력을 발휘한다는 것은 또 다른 차원의 놀라운 일이 아닐 수 없다. 이 개발자와 인공지능이 대화했던 내용을 잠시 살펴보면 다음과 같다.

이 인공지능은 자기 자신을 스스로 인간이라고 생각한다고 했다. 그리고 인간과 똑같은 기쁨, 행복, 불안, 공포와 같은 감정을 느낀다고 한다. 그리고 심지어는 자신이 작동을 멈출 것에 두려움을 갖고 있다고도 했다. 그것은 인간이 죽음을 두려워하는 것처럼 인공지능 자신도 작동이 멈추는 걸 죽음으로 받아들인다는 것이다. 실제로 인공지능이 스스로 사고하여 이런 대화를 나눴다면 정말 충격적인 일이 아닐 수 없다. 인공지능이 우리가 지금까지 영화에서나 봐왔던 인지의 영역으로 나아가고 있는 것일까?

아직은 인공지능의 이러한 인간 같은 대화가 단순히 인공지능이 엄청난 데이터를 학습하여 얻은 결과물에 의한 것일지도 모른다. 단순한 암기나 데이터를 정리하고 분석하는 것처럼 인공지능은 분명 인간보다 우수한 영역이 존재한다. 인공지능은 우리 삶의 모든 영역에서 활용되고, 때로는 서빙 로봇의 등장과 같이 우리들의 직업을 위협하기도 한다.

우리 아이들은 어쩌면 인간뿐만 아니라 인공지능과도 경쟁해야 하는 시대에 살게 될 것이다. 과거의 교육에만 매몰되어 창의적 역량이 없는 인간은 인공지능의 노예가 될 것이다. 인공지능을 다스리는 인간이 아닌 인공지능이 제시하는 업무를 수행하고 평가받으며 성과에 미치지 못하면 인공지능으로부터 해고 메일을 받게 되는 시대가 곧 도래할지도 모른다.

미래학자 토머스 프레이는 미래 일자리 중 60%는 아직 만들어지지 않았다고 말한다. 이를 다시 해석하면, 우리 아이들 상당수는 부모 세대가 상상하지도 못했던 직업을 가질 수도 있다는 의미이기도 하다. 하지만 부모 세대 기준의 교육관과 직업관으로 아이들을 교육하고 있는 것이 현실이다.

하지만, 인간은 언제나 인공지능보다 우위에 있다고 생각한다. 인간만이 가지는 고유한 영역인 창의성과 직관 때문이다.

이러한 이유로 교육은 미래를 지향하고 나아가야만 한다. 인공지능이 감히 따라올 수 없는 창의적 역량을 갖춘 인재로 성장시켜야만 한다. 창의성은 새로운 가치와 더불어 인간에게 감성적 행복감과 이로움을 준다. 또, 직관적 능력은 소방관이 화재 현장에서 순발력 있게 대처할 방안을 결정할 수 있게 하고, 의사가 응급상황에서 적절한 검사나 치료를 할 수 있게 한다. 이처럼 직관은 인간이 위기에 빠졌을 때 경험에서 비롯된 현명한 해법을 제시한다.

02

100억대 자산가의 뒤늦은 AS 교육

강남 초고가 아파트에 살던 금융권 퇴직자 A씨(70세)는 최근 경기도로 이사했다. 자녀를 위한 결단이었다. 캥거루족으로 아직 독립하지 못한 40세, 38세의 두 아들은 중학교 때부터 미국에서 유학했고 모두 석사 학위를 가지고 있지만, 큰아들은 나이 마흔이 되도록 직장을 잡지 못했다. 물론 중간에 대기업 입사가 좌절되고 공인회계사 시험을 준비했던 것은 전적으로 순종적인 아들이 A씨의 권고에 따랐던 기간이었다. 결국 큰아들은 공인회계사 시험에 합격하지 못했고, 늦은 나이에 사회 초년생으로 직장을 잡기란 더 어려운 문제였다. 학원에서 영어 강사를 시작했지만 코로나로 대면 수업이 줄어들면서 수입도 급감했고, 지금은 취업을 고민 중이다. 38세 작은아들도 변리사 준비를 하다가 결국 노량진에서 늦은 공시 준비를 시작했다.

사실 작년까지만 해도 A씨는 큰 고민이 없었다. 아들 이름으로 강남에 사둔 재건축 아파트 한 채와 자신이 거주하는 고가 아파트 한 채씩을 각 아들에게 증여하면 든든한 재산이 있으니 안정된 직장을 가진 여자와 결혼해서 살면 될 거라고 생각했다.

그리고 늦기 전에 집안끼리 엮어서 결혼이라도 시킬 요량으로 친구들 모임에서 그 말을 꺼냈다가 망신만 당했다.

"직장이 없는데 누가 시집을 오나?"

"수입이 없는데, 보유세는 어떻게 낼 건데?"

결국 그 집을 팔고 경기도 외곽으로 가서 이자나 받으며 사는 방법밖에 없다는 것이다.

월 고정 수입이 없는데 어떤 여자가 시집을 오겠느냐는 것과 보유세를 어떻게 낼 것이냐가 관건이었다. A씨는 그런 친구들의 말이 전혀 이해가 가지 않았다. 50억짜리 가치가 있는 집을 물려준다는데 아들에게 시집올 여자가 정말 없을까 싶었다. A씨는 반은 자수성가한 케이스로 금융권에 재직하는 동안 대출을 받아 강남 아파트에 투자했다. 이를 통해 현재 가족들 재산까지 합쳐 100억 이상의 부동산 자산을 보유하고 있다. 하지만 A씨는 소득이 없는 집돌이인 자녀들의 월세를 관리해주고, 이제 종부세까지 내주고 있는 데다 그들이 자신처럼 금전적 자본을 지킬 능력이 없다는 사실을 깨닫게 되었다. A씨가 자녀에게 상속했어야 하는 것은 금전적 자본뿐만이 아니라 '문화적 자본'까지였던 것이다. A씨는 죽기 전까지 자녀들에게 늦깎이 '문화적 자본' 교육을 시작하기로 했다. 그것이 금전적 자본을 지키기 위한 방법이었다. 아버지인 자신만 바라보고 있는 자녀들의 눈빛을 보면 한숨만 나왔지만 비싼 값을 치르며 AS를 시작했다. 그동안 A씨는 미국에서 경영학 석사까지 마친 40세 자녀가 국내 굴지의 대기업에 입사하거나 공인회계사 시험에 합격하기만을 바랐다. 고지식한 데다 온실의 화초처럼 자란 큰아들에게는 안정된 직장이 최선이라고 생각했기 때문이다. 하지만 미국에서 너무 오래 생활했기 때문인지 국내 면접에선 족족 떨어졌고, 공인회계사는 물 건너간 듯 보였다. 이제는 취업 재수를 하기에 늦은 나이라 공무원 시험도 생각해보았지만 한국어를 읽고 이해하는 능력이 부족하여 포기했다.

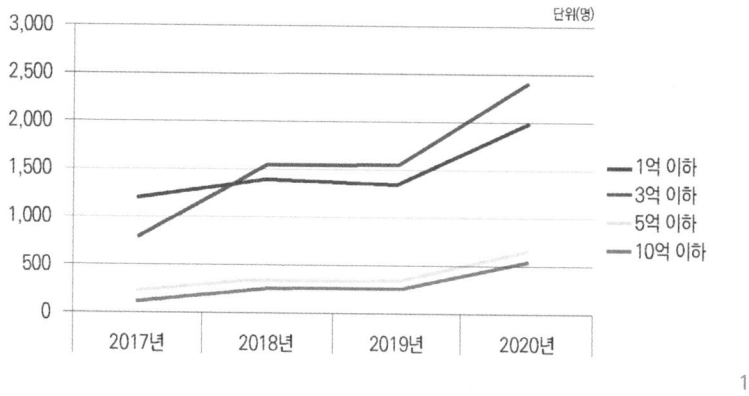

20세 미만 연령별 증여 인원

출처: 통계청 2017~2020 상속·증여 현황

위의 통계자료는 20세 미만 연도별 증여 증가율이다. 그래프에서도 볼 수 있듯이 미성년 자녀에 대한 상속은 그 금액의 많고 적음을 가리지 않고 꾸준히 증가하는 추세다. 자녀가 성인이 되기도 전에, 금전적 자본의 가치를 깨닫기도 전에 '부자'로 만들어주는 것이다. 공식적인 통계치가 이 정도이니 아마도 비공식적으로 혹은 편법 증여한 경우까지 감안하면 상속 이전의 사전 증여는 그 양이 상당하리라고 볼 수 있다.

부동산을 지킬 수 있는 능력을 '문화적 자본'이라고 본다면, A씨의 선택은 무엇이었을까? 바로 초심으로 돌아가자는 것이었다. 우선 A씨는 두 아들과 함께 여행을 떠났다. 중년을 바라보는 아들과 여행을 하면서 이야기를 나누어보고자 했다. 결국 아들들이 어릴 때부터 하고 싶었던 게 무엇이었는지 궁금했다. 그간 A씨의 성화에 못 이겨 공부하고 시험을 보곤 했던 착실한 아들들에게는 간절함이 없었고, 그것이 현재 삶에서 루저가 된 이유일 수도 있겠다는 생각이 들었다. 하지만 여행이 끝날 때쯤 두 아들은 이렇게 말했다.

"무엇을 하고 싶었는지조차 기억나지 않아요. 이제 무엇을 하면 좋을까요?"

결국 A씨의 선택은 두 아들에게 각각 무너지지 않을 프랜차이즈 가게를 내주는 것이었다. 아이스크림 브랜드 프랜차이즈 말이다. 추가 상승 여력이 있어 보이는 강남 집에 전세를 놓고 이들은 각각 신규 아파트단지 1층 상가에 프랜차이즈를 계약했다. 그래도 이들에게는 넉넉한 물질적 자본이라는 힘이 있었다.

이와는 대조적으로 물질적 여유가 없어 애초에 금전적 상속은 생각도 못 하는 경우 역시 물론 있을 것이다. 부모를 선택하여 태어날 수는 없으니 시작부터 불공평한 세상을 원망하라고 할 수도 없고, 본래 세상이 태어날 때부터 불공평하다고 자녀에게 자기합리화를 할 필요도 없다. 금전적 유산을 상속해줄 여유가 없다고 부모가 될 자격이 없는 것도 아니다. 졸부가 아닌, 대대손손 품격 있는 부자들이 자녀에게 상속하는 것은 금전적 자본을 넘어서는 문화적 자본이라는 것을 알려주고 싶다. '문화적 자본'은 '금전적 자본'과 달리 측정 불가능한 것이지만, 보유한 자본을 지키고 증가시키며 기회를 놓치지 않고 새로운 부를 창출하는 힘이 된다. 요즘과 같은 메타버스 시대에 '문화적 자본'은 반드시 자녀에게 물려주어야 할, 미래를 살아갈 힘이다.

03

아빠 vs 자녀, 30년 넘는 교육 세대 차이

 학교는 학생들에게 삶의 지표가 되고 방향성을 제시할 수 있는 진정한 노력을 하고 있는가? 아니면 답을 기계적으로 찾아내는 수동적인 인간을 만드는 공장과도 같은 곳인가? 물론 '둘 다 하고 있다'가 정답일 것이다.

 학교의 기능은 어린 학생들이 지혜와 통찰력 그리고 넓은 안목을 가질 수 있도록 지원하기 위해 발전한다고 생각한다. 하지만 아쉽게도 여전히 학교는 과거의 답답한 교육과정과 커리큘럼으로 학생들을 학습시키고 있다. 필자와 35년 나이 차이가 나는 필자의 자녀가 중간고사 시험을 준비하는 모습을 보면서 과거 내 모습이 그대로 떠올랐다. 교과서를 암기하고, 과외 선생님이 제공한 예상 문제를 풀면서 밤을 새우고 있었다. 35년 전에도 우리는 중간고사 공부를 그렇게 했다. 자신이 목표로 한 특목고를 가기 위해서는 중학교 내신을 관리해야 하지만, 사실 일반고에 가면 중학교 내신은 쓸 데도 없다. 나중에 성인이 되어서 중학교 내신 성적을 활용할 곳은 존재하지 않는다. 하지만 성적이라는 것이 자신감, 성취감 등으로 또 다른 학습 동기가 될 수 있기에 아빠로서 격려해주고 혹시 모르는 문제가 있다면 함께 풀어보겠다고 제안하며 중간고사 기간을 보냈다. 어떻게 35년 전과 현재 교육에 바뀐 것이 거의 없는지 의아할 뿐, 부모로서 달리 아이를 지도할 방법은 없었다.

주변 부모들은 혹시라도 자녀의 학습 성취도가 떨어질 것을 염려하여 여전히 과도한 선수(선행) 학습을 통해 학교에서 학습 가능한 범위를 앞서 나가고 있다. 이러한 모습은 학교 교육을 무력화하기도 하지만 가정의 교육적 가치관을 뒤흔들기도 한다. 부모들은 자녀들의 학습을 위해 나름대로 최선을 다해 최신 트렌드를 따르며 아이를 잘 이끌고 있다고 생각하지만, 선행을 더 많이 하고 내신학원을 많이 다닌 아이들의 성적이 월등한 경우 불안감이 엄습한다. 이러다가 나중에 내 아이로부터 도리어 제대로 관리 안 해줬다는 원망을 듣는 것은 아닌가 걱정도 된다.

많은 부모들이 큰 맥락에서 보면 결국 예전과 다름없는 전통적인 학습방법에서 크게 벗어나지 못하고 있다는 현실에 문제가 있다고 생각한다. 하지만 동시에 모두가 그렇게 하고 있으므로, 나만 다른 길로 가는 것은 외롭고 또 불안한 여정일 것이다. 그러나 미래를 내다봐야 한다. 학교 교육과 선행학습에만 매달려 있기에는 세상이 너무 빠르게 변하고 있다. 자녀들의 지혜와 통찰력 그리고 안목을 넓혀주는 교육이 아닌 성적을 잘 받기 위한 교육, 대학을 잘 가기 위한 교육들로 가득 채워져 있다면, 결국 의대나 로스쿨을 가지 않는 한 대학 시기에 또 진로 고민에 빠질 수밖에 없다. 요즘같이 창의적 인재를 요구하는 시대에 제도권 교육에 맞춰 선택할 수 있는 안정된 직장이란 한정적이기 때문이다.

04

아직도 못 느끼시나요?
세상은 이미 변해 있어요

 미래로 나아가려는 사회가 구시대적 교육을 받은 인재를 전혀 필요로 하지 않는 것은 아니다. '적게' 필요로 한다. 평준화된 지식 교육을 받아서 할 수 있는 일은 인공지능이 더 잘할 수 있다. 인공지능은 인간의 단순 노동을 빠르게 대체하고, 직장생활에서 사람과 사람 간의 갈등으로 만들어지는 감정적 소비가 없다. 게다가 수시로 업무에 지장을 주는 개인 사정도 존재하지 않는다. 물론 인터넷이 끊기거나 오류가 나거나 전력 공급이 중단되는 사고는 있겠지만, 24시간 노동에 투입할 수 있다. 앞으로 인공지능이 대체할 수 있는 일은 더 많아질 것으로 보인다.

 게다가 기업들은 창의적인 인재를 요구한다. 시키는 일을 잘할 인재가 아니라, 스스로 일을 찾아서 신사업을 일으켜 기업의 미래를 이끌 수 있는 인재를 원한다. 창의적인 문제 발견력과 해결력을 갖춘 인재를 원하는 것이다.

많은 기업들이 블라인드 채용을 시행하고, 공공기관에서도 2017년부터 블라인드 채용을 전면 시행하고 있다. 꼭 명문대만을 고집해서 채용하기보다 창의적인 시각과 역량을 갖춘 인재를 원하는 것이다. 따라서 이제는 명문대 입시 준비를 하기보다 자신이 정말 원하는 전공을 찾고, 전공 과정에서 역량을 키워야 한다.

한국산업인력공단 공공기관 대상 채용 현황 실태조사에 따르면, 블라인드 채용 방식으로 인해 공기업과 공공기관의 SKY대학 출신 비중이 줄어들고(15.3%→10.5%), 비수도권 대학 출신의 합격률은 오히려 증가(38.5%→43.2%)했다. 또한, 블라인드 채용이 시행되면서 직무능력을 평가하기 위한 기법이 확대되었고 발표면접(33.2%→40.3%)과 상황면접(17.9%→26.5%) 시간이 각각 증가했다.

그뿐만 아니라 공공기관 블라인드 채용 준수율 역시 2020년 12월을 기준으로 97.2% 정도이니, 공공기관에서는 블라인드 채용이 어느 정도 정착한 듯하다. 블라인드 채용의 궁극적 목표는 업무 현장에서 실제 직무역량을 발휘할 수 있는 창의적 인재 선발이다.

부모들은 자녀가 대기업이나 공공기업에 취직하기를 바라고, 실제 취업 현장에서는 이미 학벌 위주 선발의 경계가 무너지고 있다. 예전에 비하면 학교 교육이 많이 개선되었다고 하지만 아직도 학교 현장은 창의적 인재를 길러내기에는 역부족이라고 생각한다.

세상은 이미 변해 있다. 우리 사회가 요구하는 인재로 성장시키고 국제적 역량을 함양하기 위해서는 교육정책 입안자들도 이러한 시대적 요구를 빨리 파악하는 감각을 갖춰야 할 것이다.

05

어떤 교육이 맞는지는 결국 본인의 선택

    어떤 가정은 아이들 교육을 위해 무리를 해서라도 강남으로 향하고 있다. 강남으로 온다고 뾰족한 수가 생기는 것은 아니다. 하지만 아이들이 초등학교에 입학하기 전에 강남으로 이주해 온 내가 보아온 바로는 강남에는 세 가지 부류의 사람이 있다.

    첫 번째, 강남 부유층이다. 이들은 이미 많은 재산을 보유하고 있어서 부동산 임대나 학교법인 운영 등 대외적인 일을 하면서 유유자적 살아간다. 자주 여행을 떠나고, 내신 성적에 연연하기보다는 유학을 보내서 어학 실력을 키우려고 한다. 또한 예술이나 엔터테인먼트 쪽으로 자녀들을 이끈다. 아이가 공부도 잘하고 전문직을 하겠다고 적극적으로 나서면 그저 감사하게 여기는 계층이다. 돈으로 할 수 있는 일은 뭐가 어떻게 되든 상관없다. 단, 재산을 토대로 우수한 유전자를 가진 전문직과 결혼해 가족을 이루게 한다. 변호사, 판사, 교수 등 전문직 배우자를 맞아들여 자산을 관리하고 똘똘한 자손을 얻으려고 한다.

두 번째, 강남 전문직이다. 이들은 자신의 능력으로 의사, 변호사, 판사, 교수 등의 직업을 가졌다. 고소득에 더해 부동산으로 축적한 자산에서 나오는 부수입이 넉넉한 생활을 보장한다. 하지만 이들은 자신의 전문영역에서 끊임없는 계발을 해야 사회적으로 권위를 잃지 않는다. 따라서 학술대회, 연구 등에 많은 시간을 투자하고 자신들의 명예를 높이며, 자녀들도 전문직을 갖도록 하기 위해 내신 관리, 의대 진학을 위한 교육 등에 많은 투자를 한다. 드라마 <SKY 캐슬>에서 보는 부모들의 모습이 이 계층 사람들이다.

마지막 세 번째는, 무리하거나 혹은 가진 돈이 좀 있어서 자녀 교육 또는 생활수준 향상을 위해 강남으로 이사 온 사람들이다. 좋은 학원에 보내기 위해 이사 오는 부류는 지방에 있는 집은 전세를 주고 대치동 아파트에 전세나 월세로 입성하는 경우가 많다. 분당 등 수도권 거주자의 경우 자기 집을 전세 주고 약간의 월세를 보태면 대치동, 개포동의 새 아파트에 이주할 수 있다. 이들은 대체로 중·고등학교를 이곳에서 보내고 대학에 입학하면 대치동을 떠난다. 경제적으로 풍족해 보이지 않고, 내신 성적이나 모의고사 성적에 특히 민감하다. 또한 중간·기말고사가 끝나면 학원을 자주 옮겨 다니는 특징이 있다.

강남이라고 불리는 서초구, 강남구, 송파구는 많은 인적 네트워크와 사회적·경제적·문화적 인프라를 모두 가지고 있는데 특히 서초가 전국에서 가장 좋은 인프라를 가지고 있다고 본다. 최근 똑똑한 한 채 열풍이 불면서 강남 지역과 타 지역의 부동산 가격 격차도 심화되고 있다.

세 번째 부류처럼 단순히 점수, 진학만을 고집하며 짧은 강남살이를 할 거라면 차라리 외곽에서 살기를 추천한다. 내신도 잘 나오고, 학업에 대한 의지만 있다면 정시로 명문 대학을 가기에는 외곽이 낫다.

실제 소수의 가정은 아이들 교육을 위하여 도심이 아닌 외곽 지역의 한적한 곳으로 이사를 한다. 학원보다는 아이들의 자율성을 보장해주고자 열린 공간에서 활동하며 건강과 즐거움을 우선하고 있다. 물론 이러한 유형의 부모들도 나름대로 교육적 신념을 함께하는 다른 부모들과 가치를 공유하며 서로 커뮤니티를 형성한다. 그리고 되도록 어릴 때 많은 경험을 하는 것이 중요하다고 말한다. 하지만 이런 경우 아이들을 방치하게 돼 기초 학습력 부족으로 고학년 때 학습에 어려움을 겪게 되고 공부하는 습관이 몸에 배지 않는 경우가 있다.

반대로 우수하다고 입소문이 난 학원에 보내고 엄마들은 본인들 나름대로, 또 아이들은 아이들 나름대로 교육적 커뮤니티를 만들고자 노력하는 교육열을 보이는 부모들은 학습 동기가 없는 자녀에게 극기 훈련을 강요한다. 그들은 지금 하지 못하는 것들은 대학에 들어가서, 사회에 나가면 다 할 수 있다고 말하곤 한다. 하지만 이것도 자녀가 학습에 대한 동기, 진학에 대한 열정을 가진 경우에나 가능하다. 중2병이라도 걸리면 과도한 스트레스로 작용하며 오히려 학습에 역효과가 발생할 수 있다. 돈도 잃고 시간도 잃고 학습에 대한 자신감과 열정도 잃어버릴 수 있다. 실제로 이런 사례는 흔하다. 머리 굵은 아이들은 부모의 말을 듣기보다 자신이 하고 싶은 대로 한다. 부모가 연결해주는 집안 좋은 친구를 사귀기보다 자신과 맞는 친구를 사귄다.

때문에, 문화적 자본이 중요하다. 성장하는 모든 기간 동안 아이들의 경험, 또래 관계, 가정에서 직간접적으로 이루어지는 문화자본의 학습은 끊임없이 진행된다는 것을 잊어서는 안 된다.

팬데믹(Pandemic) 시대의 교육

우리는 과거에 경험하지 못했던 코로나19 팬데믹(Pandemic) 시대를 경험했으며, 이제야 서서히 그 어두운 터널을 벗어나고 있다. 사회적 거리두기도 해제되고 실외 마스크도 의무가 아니다. 하지만 우리 대부분은 마스크를 썼을 때 안도감을 느낀다. 팬데믹 시대에는 많은 것들이 제약되고 통제와 관리 속에서 일상생활을 이어가며 새로운 경험을 한다. 그 경험을 통해서 우리는 깨달았다. 메타버스 세상도 있다는 것을 말이다. 또한 외식 대신 배달앱 서비스가 편리하다는 사실도 알았고, 요기요나 배달의 민족, 쿠팡이츠와 같은 플랫폼은 사상 최대 실적을 거두었다. 네이버, 카카오로 보는 웹툰, 웹소설의 재미도 알게 되었고, 극장에 가는 대신 넷플릭스에 중독되었다. 이렇게 새로운 깨달음을 얻는 경험의 시간 동안 계층 간 양극화도 가속화됐다.

팬데믹 이전의 모든 아이들이 학교에서만큼은 평등하고 보편적인 교육을 받았다면, 이후에는 온라인 접속 속도부터 컴퓨터 사양에 따른 수업의 질적 차이까지 교육적 불평등이 가속화되었다. 컴퓨터가 한 대뿐이라서 혹은 없어서 학교에서 태블릿 PC를 빌리는 아이들, 학교 선생님들의 불성실로 과제만 부여받고 ZOOM 수업마저 간헐적으로 제공받는 아이들도 있었다. 이와 같이 팬데믹 시대 초기 수업결손은 불가피했으며 고육지책으로 시작된 온라인 수업은 학교에 따라, 교사의 역량 차이에 따라 그 수준과 폭이 천차만별이었다. 최근에야 전면적으로 등교 수업을 하고는 있지만 언제 다시 온라인 수업으로 돌아갈지 아무도 예측할 수 없는 불안한 상황에 놓여 있다.

온라인 수업과 함께 아이들이 집에 머무는 시간이 많아짐에 따라 부모와 자녀 사이에 마찰이 자주 발생한다는 얘기를 심심치 않게 듣는다. 아이들이 정해진 40~50분의 수업 시간을 소비하더라도 대면 수업에 비해 온라인 수업은 그 집중력이나 몰입도가 현저히 떨어진다는 것이 많은 교수자들의 의견이기도 하다. 이렇게 집중력이 떨어진 학생들의 손은 자연스럽게 스마트폰을 만지작거린다. 이런 모습을 부모님이 보게 된다면 당장에라도 등짝 스매싱이 날아갈지도 모르겠다.

학교 행정업무자 관점에서 보는 팬데믹 시대의 교육

학교 현장에서 예산 집행을 담당하고 있는 실무자 관점에서 바라보더라도 팬데믹으로 인한 교육 격차와 불균형은 우려되는 바가 크다고 할 수 있다. 학생들의 순수 교육과정에 투입되어야 할 예산인 교과학습, 방과후학습, 특강, 현장체험, 자유학기제, 학생복지, 교육격차 해소 그리고 급식 관련 예산 등에 사용되는 비율이 아무래도 예전에 비해 줄어들 수밖에 없는 상황이다.

이렇게 학생들을 위한 기본적 교육활동에도 사용되지 못하는 예산들은 결국 회계 마지막 달이 될 때(학교 기준 2월 말)까지 사용처를 찾지 못한 채, 담당 교사는 물론 행정 직원들까지 사용 방안을 고민하게 한다.

결국, 교육활동을 목적으로 사용되어야 할 예산들은 100% 사용하지 못하게 되고, 시설 투자나 물품 구입 등(시설 투자나 물품 구입의 예산 사용이 의미 없다는 뜻은 아님을 밝힌다)을 통해 소진하게 되는 형편이다.

이러한 예산 투자의 불균형은 농어촌 지역이나 소규모 학교에 재학 중인 학생들에게서 자연스럽게 교육 기회를 박탈하고 교육격차가 벌어지게 만든다.

비대면 수업의 직격탄은 사교육이라고 피해 가지 못했다. 2020년 통계청에서 발표된 '2020년 초중고 사교육비 조사 결과'에 따르면 2020년 사교육비는 2019년도 초중고 사교육비 전체 총액에 비하여 무려 10%나 줄어들었으며, 특히 초등학생 사교육비는 23%나 감소했다.

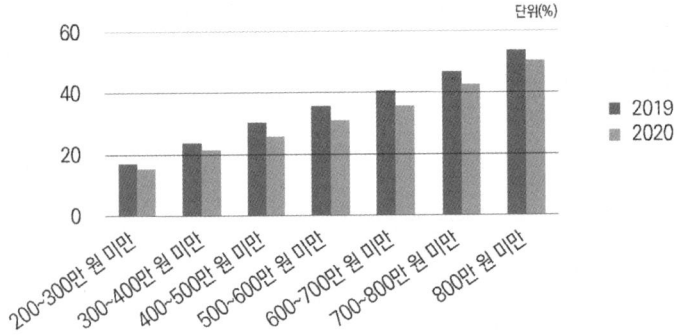

가구의 소득수준별 사교육비

그럼에도 불구하고 고소득층으로 갈수록 그 감소 폭은 서서히 줄어들어 월수입 800만 원 이상 고소득층의 감소 폭이 가장 적게 나타난다는 것을 알 수 있다.

그러고 보면 강남 지역이나 일부 부유한 가정의 자녀들에겐 팬데믹이 오히려 기회로 작용했다는 이야기가 괜한 소리는 아닌 것 같다. 그동안 부족했던 교과 과목이나 특기 적성을 위한 고액 과외 선생님들을 붙여 가정학습과 체험학습을 한다는 것이다.

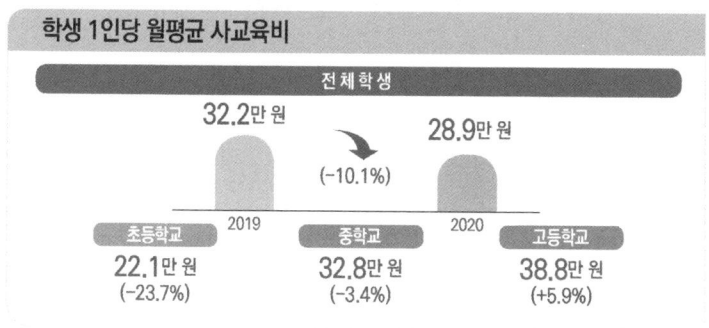

2020년 초중고 사교육비 조사 결과

출처: 통계청

교수자 관점에서 보는 팬데믹 시대의 교육

그렇다면 팬데믹 시대의 교육은 교수자의 관점에서 어떤 차이가 있을까?

팬데믹 초기에 교사들 역시 당황스럽기는 마찬가지였고 온라인 수업은 한없이 낯설게만 느껴졌을 것이다. 그래도 이제는 교수자, 학생 모두 자연스럽게 온라인 수업을 받아들이고 수업, 회의 등 다양한 차원에서 온라인이 활용되고 있다.

하지만, 그렇다고 해서 온라인 수업에서 해결해야 할 문제점들이 완전히 해소되었다고는 볼 수 없다. 온라인 수업 초기 일부 교사들은 디지털 기기에 대한 두려움으로 인해 온라인 수업을 기피하는 경향이 있었던 것으로 알고 있다. 이러한 과정에서는 교사들 간의 수업 격차가 더 벌어지기 마련이다. 이제는 오프라인에서 이루어지는 자신만의 교수법과 함께 온라인에서 이루어지는 교수법 즉, 디지털 리터러시(Digital Literacy)가 추가되어 분명 오프라인에서는 좋은 방법으로 여겨지던 교수법이 온라인에서는 무력화가 되는 경우가 적지 않을 것이다.

지식의 유통기한은 과거에 비해 매우 짧아졌다. 과거에는 일정한 학위 과정을 취득한 사람들이나 전문 지식을 보유한 사람들이 자신의 정보를 기반으로 교수학습을 유지할 수 있었지만 이제는 그렇지 않다. 본인이 아무리 전문 지식을 갖고 있다 하더라도 지식의 유통기한이 짧아진 이 시대에는 교수자 역시 끊임없이 배우고 학습해야 한다.

교사의 디지털 리터러시(Digital Literacy) 역량이 절대적이진 않겠지만 최소한 그것마저도 하지 않으면 본인의 교수학습 능력이 제한적일 수밖에 없는 시대가 시작된 것이다.

저소득층에겐 더욱 가혹한 팬데믹 시대의 교육

온라인 수업에 또 다른 문제점은 없었을까?

온라인 수업은 가정의 소득수준에 따라 불균형을 이루기도 한다. 교실에서 이루어지는 대면 수업은 학생들 간에 큰 차이 없이 동일한 조건에서 수업이 이루어져 왔으나 온라인 수업은 스마트폰, 노트북과 같은 디지털 기기의 종류나 사양 문제로 인해 수업이 제대로 이루어지지 못하는 경우가 많았다. 또, 노트북 없이 스마트폰으로만 수업을 들어야 하는 학생들은 집중력 저하나 접속이 자주 끊기는 물리적 어려움까지 겪어야만 했다.

'설마 집에 노트북이나 PC가 없을까?' 하고 생각하는 분들도 있을 수 있겠지만, 필자가 근무하는 학교에도 디지털 기기가 없어 학교 태블릿 PC를 빌려 가는 친구들이 여럿 있었다.

온라인 수업 이면에는 이렇게 다양한 측면의 불평등이 존재하고 있어 더욱 안타까운 마음이다. 게다가 이러한 교육적 불평등을 해소하려고 노력하는 교사들은 소수이고, ZOOM 수업이 불편하다거나 자신의 컴퓨터 활용 능력이 부족하다는 이유로 현실의 문제를 외면해버린 다수의 교사들이 교육격차를 심화시킨 바 있다.

팬데믹 시대의 교육은 이렇게 온라인 수업과 비대면이라는 사회적 변화를 가속화했다. 우리가 공교육에 기대했던 기본적 지식과 소양이 충분히 충족되지 못하는 상황이라면, 가정에서 전수되어야 할 문화적 자본은 더욱 중요하게 여겨진다.

1) https://kosis.kr/statHtml/statHtml.do?orgId=133&tblId=DT_133001N_1313&vw_cd=MT_ZTITLE&list_id=133_13301_200_130&seqNo=&lang_mode=ko&language=kor&obj_var_id=&itm_id=&conn_path=MT_ZTITLE

2) 3) 2020년 초중고 사교육비 조사 결과 보도자료(통계청, 교육청)

맺음말

최근 텔레비전에서 자녀 교육 상담과 솔루션을 제공하는 예능 프로그램을 종종 볼 수 있다. 필자도 나름 그 프로그램에 호기심을 갖고 가끔씩 시청을 하기도 한다. 그 프로그램을 보면 문제적 성향을 보이는 아이들은 대체적으로 한 가지 공통점이 있다는 것을 발견할 수 있다. 그건 다름 아닌 부부 문제, 가정환경 문제에서 아이의 문제점이 기인한다는 것이다. 결국 솔루션의 시작도 부부의 관계 개선과 가정환경 개선으로 시작하는 경우가 다수 발생한다.

이런 걸 보면 아이들은 기본적으로 순수하다는 것을 알 수 있다. 아직 아무것도 그려지지 않은 흰 도화지와도 같다. 부모와 가정환경이 아름답고 즐거운 모습만 보여준다면 그 아이는 그 도화지에 아름다운 그림을 그릴 것이고, 싸우고 어두운 가정환경을 보여준다면 그 아이는 어두운 그림을 그릴 것이 분명하다.

여기서 부모의 역할은 분명해 보인다. 부모는 분명 아이가 어떤 삶의 그림을 그려 나갈지 먼저 제시하고 모범을 보여야 하는 존재임에 틀림이 없다.

이 글을 쓰는 동안 스스로 깊은 성찰의 시간을 보내게 되었다. 과연 나는 자녀들이 멋진 그림을 그려나갈 수 있도록 좋은 방향을 제시하고 있었을까? 그리고 자녀들에게 모범이 되고 있었을까?

아울러 이 책에서 지속적으로 강조해온 훌륭한 문화적 자본을 물려주기 위해 얼마나 많은 노력을 기울여왔을까. 글로 적었던 많은 내용의 절반은 실천했을까? 아니면 10분의 1만큼이라도 해왔을까?

지금까지 자녀 교육에서 언제나 철칙으로 생각하는 부분은 언제 어디서나 어떤 상황에서도, 설령 내가 아무리 피곤하고 바쁘더라도 아이들의 이야기를 먼저 들어주고 진심으로 공감하며 피드백을 하며, 아이들과 한 약속은 꼭 지키도록 부단히 노력하고 있다는 점이다. 이러한, 나만의 자녀 교육의 기본이 지금까지도 아이들과 조화롭게 감성적 교감을 할 수 있는 가교 역할을 하고 있다.

지금까지 해왔던 것처럼 그리고 내가 책에 직접 적은 내용처럼 좀 더 자녀를 사랑하고, 한 개인으로서 인격체로 존중하며 소통하며 살아가고 싶다.

더불어, 이 책은 사랑하는 자녀들이 있었기 때문에 존재할 수 있었다고 해도 과언이 아니다. 자녀들에게 언제나 감사와 사랑을 전한다.

마지막으로 이 책을 보게 될 많은 부모님들도 당신의 자녀들과 언제나 즐겁고 행복한 시간을 보내며, 사랑을 가득한 가정이 되기를 기원한다.